20 JOGOS ETERNOS do PALMEIRAS

Oberdan e Nestor ouvem Jair Rosa Pinto botar gás e sangue no Palmeiras no Jogo da Lama que garantiu o título do Ano Santo de 1950

Para Oberdan, se o Palmeiras não tivesse Jair Rosa Pinto no elenco, a equipe não teria conquistado as Cinco Coroas de 1950-51

Palmeiras ataca a meta tricolor no empate por 1 a 1 que garantiu o título paulista de 1950, que levou o Verdão à disputa da Copa Rio de 1951

Oberdan foi craque-bandeira da meta do Palestra Itália, de 1940 a 1942, e do Palmeiras, de 1942 a 1954. O Pacaembu foi a segunda casa dele, depois do Palestra

Goleiro Viola, da Juventus de Turim, evita mais um gol palmeirense na decisão da Copa Rio de 1951, quando o Verdão honrou e vingou o futebol brasileiro

Vitória do Palmeiras sobre o Flamengo, em 1979, colocou Telê Santana na Seleção

Djalma Santos chegou ao Palmeiras para ser supercampeão paulista de 1959, contra o Santos, e fazer parte da primeira Academia do Palmeiras, em 1965

O Matador Evair foi o nome que lavou a alma e encerrou o jejum de 16 anos sem títulos

COLEÇÃO MEMÓRIA DE TORCEDOR

20 JOGOS ETERNOS do PALMEIRAS

MAURO BETING

Maquinária
editora

Copyright © Mauro Beting, 2013

Coordenação editorial
PASCHOAL AMBRÓSIO FILHO e ROBERTO SANDER
Reportagem e produção
GINO BARDELLI E GUSTAVO ROMAN
Preparação de originais
ADRIANA GIGLIO
Revisão
GILSON SOARES
Projeto gráfico, diagramação e capa
ADRIANA GIGLIO
Caricaturas e infográficos
ALVIÑO
Tratamento de imagens
JÚLIO NAVARRO

Proibida a reprodução total ou parcial deste conteúdo.
Todos os direitos desta edição reservados à Maquinária Editora.

Maquinária Editora
Rua Olegarinha, 47 – Grajaú
Rio de Janeiro, RJ – 20560-200
www.maquinariaeditora.com.br

Dados Internacionais de Catalogação na Publicação (CIP)
(Câmara Brasileira do Livro, SP, Brasil)

Beting, Mauro, 1966-

20 jogos eternos do Palmeiras / Mauro Beting.
-- Rio de Janeiro : Maquinária Editora, 2013.
-- (Coleção memória de torcedor ; 4)

Bibliografia.
ISBN 978-85-62063-51-0

1. Futebol – Brasil – História 2. Sociedade
Esportiva Palmeiras 3. Sociedade Esportiva
Palmeiras – História I. Título. II. Série.
13-10849 CDD-796.3340608161

Índices para catálogo sistemático:
1. Sociedade Esportiva Palmeiras: História
796.3340608161

*Para o meu pai Joelmir que me fez palmeirense, e, por isso, jornalista esportivo.
Para a minha mãe Lucila que me fez palestrino e, por isso, gente.
Para os meus filhos Luca e Gabriel que nós fizemos palmeirenses e, por isso, amor.
Para o meu amor Silvana que me faz ainda mais palmeirense, jornalista e gente.*

*Em nome do Pai da Bola Waldemar Fiúme,
Do Filho do Divino Ademir da Guia,
E do Espírito de São Marcos,
Amém*

Sumário

- Agradecimentos — 11
- A eleição — 13
- Os 20 jogos eternos — 17
- Outros jogos citados — 19
- *Pazza Gioia!* — 26
- Oito! Oito! Oito! — 32
- Arrancada heroica — 38
- Santo campeão — 47
- O nosso mundo — 51
- A grande derrota — 59
- O supercampeão — 64
- Brasil é Palmeiras — 69
- Ganhando lá e cá — 75

- A segunda Academia   84
- Zum-zum-zum...   91
- Vitória do Brasil   97
- Justiça, justiça, justiça!   103
- O namoro é verde   108
- O maior show da terra   115
- A Via Láctea da Parmalat   120
- Troco dado   126
- Virando o jogo   133
- A conquista da América   140
- São Marcos!   147
- Fontes e referências bibliográficas   156

Agradecimentos

Tenho uma página para agradecer aos palmeirenses que fizeram quase cem anos de vida. É tão difícil quanto listar apenas 20 dos jogos que fizeram do Palmeiras o maior campeão nacional do país e mais vezes campeão mundial. Da Academia que mais venceu títulos brasileiros na época de ouro do Brasil, de 1958 a 1973. Do time que voltou a ser campeão quando o nosso futebol reconquistou o mundo, em 1994. Do Palmeiras que não é mais. Nem menos. É Palmeiras. Basta.

O "campeão do século XX" (pelos rankings de três empresas de mídia e da Federação Paulista) tem compromisso com a história e a glória. Está no nosso estatuto alviverde. Em cada estádio deles. Em cada espírito de porco. De periquito. De Palmeiras.

Este século XXI ainda não é o que foi o passado palestrino. Mas o presente para o futuro verde de esperança já começou. Afinal, se o clube ganhou o século XX a partir do primeiro título paulista, em 1920, por que não pode vencer o século XXI do mesmo modo a partir do centenário?

Somos assim. Corneteiros. Somos assim. Apaixonados. Podemos até falar mal da própria família. Mas que não venham falar mal da *nostra famiglia*. Porque, então, nos defendemos como atacamos.

Por isso, escalei três amigos de cor e de credo para contar comigo uma história de avô para neto. O Nonno Beppe do livro é muito meu pai Joelmir e minha mãe Lucila. Quase tudo que fala é da minha avó Albertina, dos tios Jusler, Jura e Flávio, do irmão Gianfranco e da cunhada Sharon, dos primos Calabar, Alemão, Dadá, Kiko, Ulisses, Vlá e Cléber, dos sobrinhos Tomy e Tico, de tantos amigos de verde e branco como Braga, Dudu, Sapo, Márcio, Cafarna, e alguns que hoje tocam corneta entre harpas celestiais como Bindi e Magoo.

O neto Angelo (nome do meu Nonno) é o que são meus filhos Luca e Gabriel, amores incondicionais como o Palmeiras. É a Manoela, filha do meu amor Silvana. Biondina de olhos verdes, de coração da nossa cor, de alma italiana como o *nostro* Palestra. Tradição que passa ao nosso Palmeiras brasileiro. De todas as raças. Cheio de graça e raça. Mas jamais cheio de si. Apenas repleto de todos nós.

Parabéns pelos 99 anos, Palestra Itália.

Obrigado pela eternidade, Palmeiras.

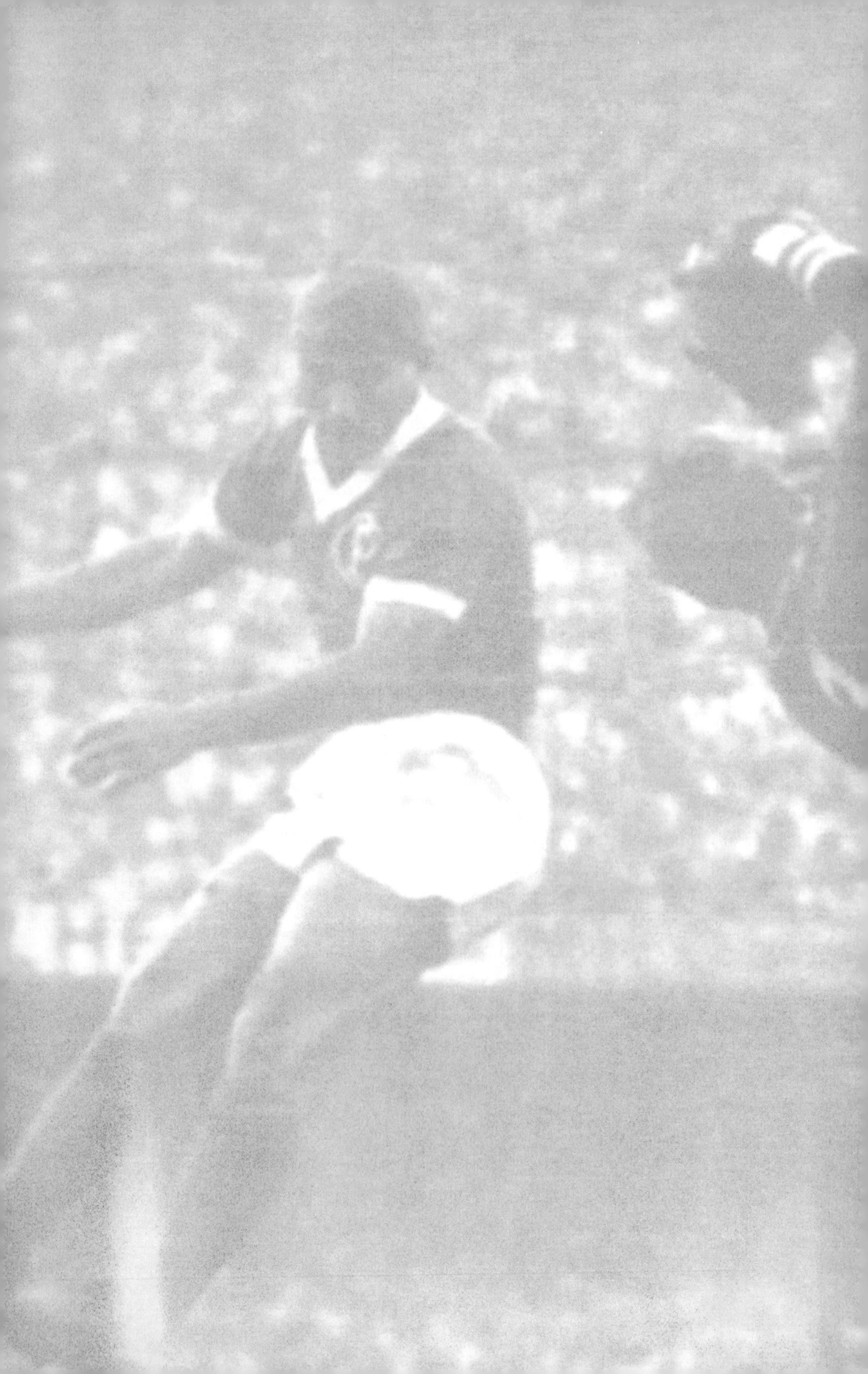

A ELEIÇÃO

ALDO REBELO – Palestra Itália 2 x 0 Savóia – SP (1915), Palestra Itália 3 x 0 Corinthians (1917), Palestra Itália 2 x 1 Paulistano (1920), Palestra Itália 8 x 0 Corinthians (1933), Palmeiras 3 x 1 São Paulo (1942), Palmeiras 3 x 1 Corinthians (1945), Palmeiras 0 x 0 Vasco da Gama (1951), Palmeiras 2 x 2 Juventus – ITA (1951), Palmeiras 6 x 7 Santos (1958), Palmeiras 3 x 0 Uruguai (1965), Palmeiras 3 x 1 URSS (1966), Palmeiras 3 x 1 CRB (1972), Palmeiras 2 x 0 Barcelona – ESP (1974), Palmeiras 3 x 1 Real Madrid – ESP (1975), Palmeiras 6 x 1 Boca Juniors (1994), Palmeiras 6 x 1 Borussia Dortmund – ALE (1996), Palmeiras 6 x 0 Santos (1996), Palmeiras 3 x 0 River Plate (1999), Palmeiras 2 x 1 Deportivo Cali – COL (1999) e Palmeiras 3 x 2 Corinthians (2000).

ANTERO GRECO – Palestra Itália 2 x 0 Savóia – SP (1915), Palestra Itália 3 x 0 Corinthians (1917), Palestra Itália 8 x 0 Corinthians (1933), Palmeiras 3 x 1 São Paulo (1942), Palmeiras 6 x 7 Santos (1958), Palmeiras 2 x 1 Santos (1960), Palmeiras 3 x 0 Uruguai (1965), Palmeiras 2 x 1 Grêmio (1967), Palmeiras 3 x 1 Botafogo (1969), Palmeiras 0 x 1 São Paulo (1971), Palmeiras 1 x 0 Corinthians (1974), Palmeiras 4 x 1 Flamengo (1979), Palmeiras 3 x 0 Corinthians (1986), Palmeiras 4 x 0 Corinthians (1993), Palmeiras 2 x 0 Vitória (1993), Palmeiras 2 x 0 Cruzeiro (1998), Palmeiras 2 x 1 Deportivo Cali – COL (1999), Palmeiras 3 x 2 Corinthians (2000), Palmeiras 3 x 4 Vasco da Gama (2000) e Palmeiras 1 x 1 Coritiba (2012).

FERNANDO RAZZO GALUPPO – Palestra Itália 2 x 0 Savóia – SP (1915), Palestra Itália 11 x 0 Internacional – SP (1920), Palestra Itália 2 x 1 Paulistano – SP (1920), Palestra Itália 5 x 2 Ferencváros – HUN (1929), Palestra Itália 8 x 0 Santos (1932), Palestra Itália 8 x 0 Corinthians (1933), Palmeiras 3 x 1 São Paulo (1942), Palmeiras 2 x 1 River Plate –ARG (1946), Palmeiras 2 x 2 Barcelona – ESP (1949), Palmeiras 2 x 2 Juventus – ITA (1951), Palmeiras 2 x 1 Santos (1959), Palmeiras 3 x 0 Uruguai (1965), Palmeiras 5 x 0 São Paulo (1965), Palmeiras 2 x 0 Barcelona – ESP (1974), Palmeiras 1 x 0 Corinthians (1974), Palmeiras 4 x 1 Flamengo (1979), Palmeiras 4 x 0 Corinthians (1993), Palmeiras 6 x 1 Boca Juniors – ARG (1994), Palmeiras 6 x 0 Santos (1996) e Palmeiras 2 x 1 Deportivo Cali – COL (1999).

JOELMIR BETING – Palestra Itália 2 x 1 Paulistano (1920), Palestra Itália 8 x 0 Corinthians (1933), Palmeiras 3 x 1 São Paulo (1942), Palmeiras 1 x 1 São Paulo (1951), Palmeiras 0 x 0 Vasco da Gama (1951), Palmeiras 2 x 2 Juventus – ITA (1951), Palmeiras 6 x 7 Santos (1958), Palmeiras 2 x 1 Santos (1959), Palmeiras 3 x 0 Uruguai (1965), Palmeiras 3 x 1 Botafogo (1969), Palmeiras 0 x 0 São Paulo (1972), Palmeiras 1 x 0 Corinthians (1974), Palmeiras 4 x 1 Flamengo (1979), Palmeiras 3 x 0 Corinthians (1986), Palmeiras 4 x 0 Corinthians (1993), Palmeiras 6 x 0 Santos (1996), Palmeiras 2 x 0 Cruzeiro (1998), Palmeiras 2 x 1 Deportivo Cali – COL (1999), Palmeiras 4 x 2 Flamengo (1999) e Palmeiras 3 x 2 Corinthians (2000).

JOSÉ EZEQUIEL FILHO – Palestra Itália 2 x 1 Paulistano (1920), Palestra Itália 8 x 0 Corinthians (1933), Palmeiras 3 x 1 São Paulo (1942), Palmeiras 1 x 1 São Paulo (1950), Palmeiras 2 x 2 Juventus – ITA (1951), Palmeiras 2 x 1 Santos (1959), Palmeiras 3 x 0 Uruguai (1965), Palmeiras 2 x 0 Náutico (1967), Palmeiras 0 x 0 São Paulo (1972), Palmeiras 0 x 0 São Paulo (1973), Palmeiras 4 x 1 Flamengo (1979), Palmeiras 3 x 0 Corinthians (1986), Palmeiras 4 x 0 Corinthians (1993), Palmeiras 3 x 2 São Paulo (1994), Palmeiras 6 x 1 Boca Juniors – ARG (1994), Palmeiras 6 x 0 Santos (1996), Palmeiras 1 x 0 Cruzeiro (1998), Palmeiras 4 x 2 Flamengo (1999), Palmeiras 2 x 1 Deportivo Cali – COL (1999) e Palmeiras 1 x 1 Coritiba (2012).

JOTA CHRISTIANINI – Palestra Itália 2 x 0 Savóia – SP (1915), Palestra Itália 2 x 1 Paulistano (1920), Palestra Itália 8 x 0 Corinthians (1933), Palestra Itália 1 x 0 São Paulo da Floresta (1933), Palestra Itália 6 x 0 Bangu (1933), Palmeiras 3 x 1 São Paulo (1942), Palmeiras 4 x 3 São Paulo (1947), Palmeiras 1 x 1 São Paulo (1950), Palmeiras 2 x 2 Juventus – ITA (1951), Palmeiras 6 x 7 Santos (1958), Palmeiras 4 x 2 Vasco da Gama (1958), Palmeiras 5 x 1 Santos (1959), Palmeiras 2 x 1 Santos (1959), Palmeiras 1 x 0 Corinthians (1974), Palmeiras 4 x 0 Corinthians (1993), Palmeiras 6 x 1 Boca Juniors – ARG (1994), Palmeiras 4 x 2 Flamengo (1999), Palmeiras 2 x 1 Deportivo Cali – COL (1999), Palmeiras 4 x 2 São Paulo (2002) e Palmeiras 2 x 0 São Paulo (2008).

LUIZ GONZAGA BELLUZZO – Palestra Itália 8 x 0 Corinthians (1933), Palmeiras 3 x 1 São Paulo (1942), Palmeiras 1 x 1 São Paulo (1950), Palmeiras 2 x 2 Juventus – ITA (1951), Palmeiras 6 x 7 Santos (1958), Palmeiras 2 x 1 Santos (1959), Palmeiras 3 x 0 Uruguai (1965), Palmeiras 3 x 1 Botafogo (1969), Palmeiras 0 x 0 Botafogo (1972), Palmeiras 0 x 0 São Paulo (1973), Palmeiras 1 x 0 Corinthians (1974), Palmeiras 4 x 1 Flamengo (1979), Palmeiras 4 x 0 Corinthians (1993), Palmeiras 6 x 1 Boca Juniors – ARG (1994), Palmeiras 1 x 1 Corinthians (1994), Palmeiras 2 x 0 Cruzeiro (1998), Palmeiras 4 x 2 Vasco da Gama (1999), Palmeiras 2 x 1 Deportivo Cali – COL (1999), Palmeiras 3 x 2 Corinthians (2000) e Palmeiras 1 x 1 Coritiba (2012).

MAURO BETING – Palestra Itália 2 x 1 Paulistano (1920), Palestra Itália 8 x 0 Corinthians (1933), Palestra Itália 1 x 0 São Paulo da Floresta (1933), Palmeiras 3 x 1 São Paulo (1942), Palmeiras 1 x 1 São Paulo (1950), Palmeiras 2 x 2 Juventus – ITA (1951), Palmeiras 6 x 7 Santos (1958), Palmeiras 2 x 1 Santos (1959), Palmeiras 3 x 0 Uruguai (1965), Palmeiras 0 x 0 São Paulo (1972), Palmeiras 2 x 1 Internacional (1973), Palmeiras 1 x 0 Corinthians (1974), Palmeiras 4 x 1 Flamengo (1979), Palmeiras 3 x 0 Corinthians (1986), Palmeiras 4 x 0 Corinthians (1993), Palmeiras 6 x 0 Santos (1996), Palmeiras 2 x 0 Cruzeiro (1998), Palmeiras 4 x 2 Flamengo (1999), Palmeiras 2 x 1 Deportivo Cali – COL (1999) e Palmeiras 3 x 2 Corinthians (2000).

PAULO VINÍCIUS COELHO – Palestra Itália 1 x 0 São Paulo da Floresta (1933), Palmeiras 3 x 1 São Paulo (1942), Palmeiras 4 x 3 São Paulo (1947), Palmeiras 1 x 1 São Paulo (1950), Palmeiras 2 x 2 Juventus – ITA (1951), Palmeiras 6 x 7 Santos (1958), Palmeiras 2 x 1 Santos (1959), Palmeiras 8 x 2 Fortaleza (1960), Palmeiras 3 x 0 Uruguai (1965), Palmeiras 3 x 1 Botafogo (1969), Palmeiras 1 x 0 Corinthians (1974), Palmeiras 5 x 1 Santos (1979), Palmeiras 4 x 1 Flamengo (1979), Palmeiras 3 x 0 Corinthians (1986), Palmeiras 4 x 0 Corinthians (1993), Palmeiras 2 x 0 São Paulo (1993), Palmeiras 6 x 1 Boca Juniors – ARG (1994), Palmeiras 4 x 2 Flamengo (1999), Palmeiras 2 x 1 Deportivo Cali – COL (1999) e Palmeiras 3 x 2 Corinthians (2000).

ROBERTO AVALLONE – Palestra Itália 3 x 0 Corinthians (1917), Palestra Itália 2 x 1 Paulistano (1920), Palestra Itália 8 x 0 Corinthians (1933), Palmeiras 3 x 1 São Paulo (1942), Palmeiras 1 x 1 São Paulo (1950), Palmeiras 2 x 2 Juventus – ITA (1951), Palmeiras 6 x 7 Santos (1958), Palmeiras 2 x 1 Santos (1959), Palmeiras 3 x 0 Uruguai (1965), Palmeiras 0 x 0 São Paulo (1972), Palmeiras 0 x 0 Botafogo (1972), Palmeiras 1 x 0 Corinthians (1974), Palmeiras 4 x 1 Flamengo (1979), Palmeiras 4 x 0 Corinthians (1993), Palmeiras 2 x 0 Vitória (1993), Palmeiras 6 x 1 Boca Juniors – ARG (1994), Palmeiras 3 x 0 River Plate – ARG (1999), Palmeiras 2 x 1 Deportivo Cali – COL (1999), Palmeiras 3 x 2 Corinthians (2000) e Palmeiras 1 x 1 Coritiba (2012).

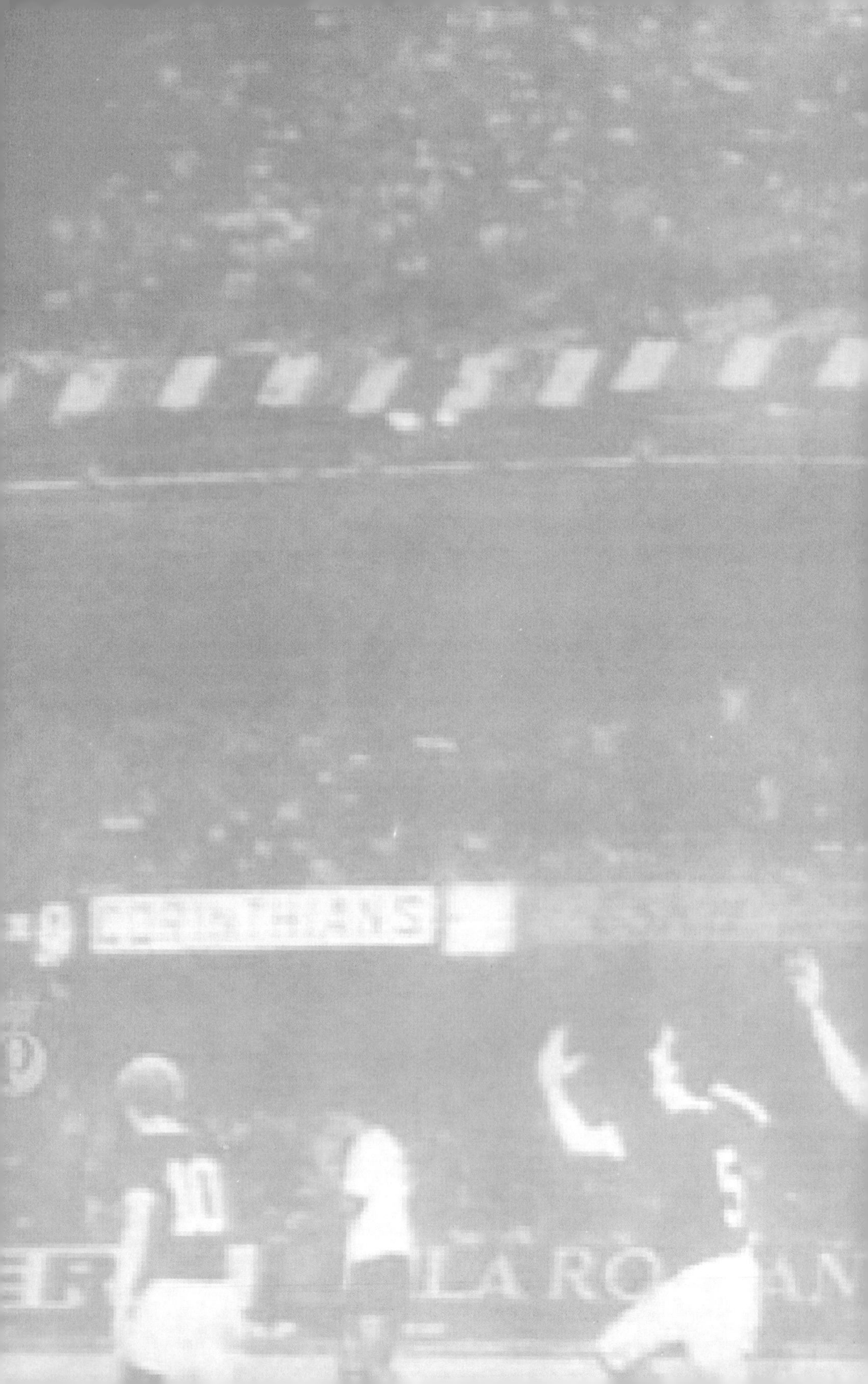

Os 20 jogos eternos

Palestra Itália 8 x 0 Corinthians (1933) – 10 votos
Palmeiras 3 x 1 São Paulo (1942) – 10 votos
Palmeiras 2 x 1 Deportivo Cali – COL (1999) – 10 votos
Palmeiras 2 x 2 Juventus – ITA (1951) – 9 votos
Palmeiras 2 x 1 Santos (1960) – 9 votos
Palmeiras 3 x 0 Uruguai (1965) – 9 votos
Palmeiras 4 x 0 Corinthians (1993) – 9 votos
Palmeiras 6 x 7 Santos (1958) – 8 votos
Palmeiras 1 x 0 Corinthians (1974) – 8 votos
Flamengo 1 x 4 Palmeiras (1979) – 8 votos
Palestra Itália 2 x 1 Paulistano (1920) – 7 votos
Palmeiras 6 x 1 Boca Juniors (1994) – 7 votos
Palmeiras 3 x 2 Corinthians (2000) – 7 votos
Palmeiras 1 x 1 São Paulo (1951) – 6 votos
Palmeiras 3 x 0 Corinthians (1986) – 5 votos
Palmeiras 6 x 0 Santos (1996) – 5 votos
Palmeiras 3 x 1 Botafogo (1969) – 4 votos
Palmeiras 0 x 0 São Paulo (1972) – 4 votos
Palmeiras 2 x 0 Cruzeiro (1998) – 4 votos
Palmeiras 4 x 2 Flamengo (1999) – 4 votos

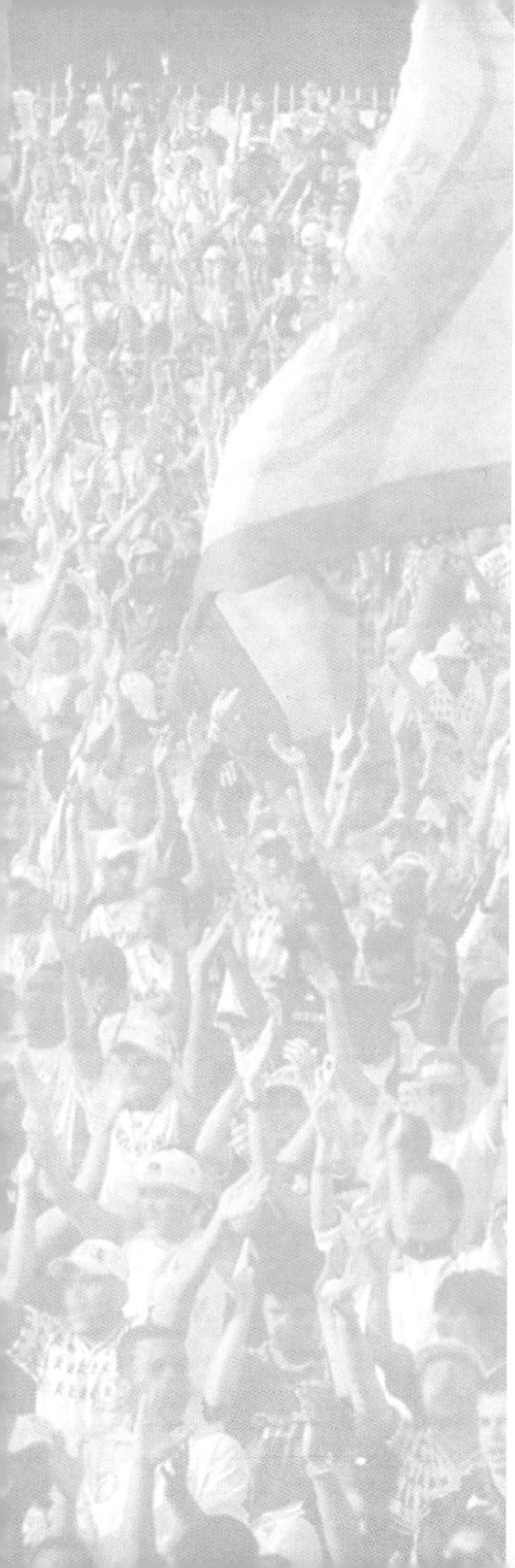

Outros jogos citados

Palestra Itália 2 x 0 Savóia – SP (24/01/1915) – **4 votos**
O primeiro jogo da vida esportiva do Palestra Itália, realizado na cidade de Votorantim, próxima a Sorocaba (SP). Bianco teve a honra de marcar o primeiro gol do clube.

Palmeiras 1 x 1 Coritiba (11/07/2012) – **4 votos**
Mesmo com uma equipe limitada, o técnico Felipão acabou com um jejum de quatorze anos e garantiu o título invicto da Copa do Brasil.

Palestra Itália 3 x 0 Corinthians (06/05/1917) – **3 votos**
O primeiro clássico que seria chamado de dérbi foi muito disputado e vencido com três gols do ponta-direita Caetano Izzo.

Palestra Itália 1 x 0 São Paulo da Floresta (12/11/1933) – **3 votos**
Uma semana depois dos 8 a 0 no Corinthians, a vitória garantiu o primeiro título profissional paulista e a conquista simultânea do primeiro torneio Rio–São Paulo.

Palmeiras 0 x 0 Vasco da Gama (15/06/1951) – **2 votos**
O empate no segundo jogo da semifinal da Copa Rio de 1951 garantiu a classificação do Palmeiras, em atuação espetacular do goleiro Fábio Crippa.

Palmeiras 0 x 0 Botafogo (23/12/1972) – 2 votos
Valeu o título do Brasileirão de 1972. Em trinta jogos foram dezesseis vitórias, dez empates, quatro derrotas, 46 gols marcados e dezenove sofridos.

Palmeiras 0 x 0 São Paulo (20/02/1974) – 2 votos
Com a base de 1972 mantida, o Palmeiras foi bi brasileiro em 1973 com a melhor defesa da história do campeonato. Média de 0,3 gols por jogo.

Palmeiras 2 x 0 Vitória (19/12/1993) – 2 votos
A Via Láctea montada pela Parmalat para o Palmeiras conquistou o primeiro título nacional quase um ano e meio depois do início da parceria.

Palmeiras 3 x 0 River Plate – ARG (26/05/1999) – 2 votos
Alex comandou a vitória no Palestra Itália que classificou o time para a decisão da Libertadores de 1999, depois de derrota na Argentina por 1 a 0

Palestra Itália 11 x 0 SC Internacional – SP (08/08/1920) – 1 voto
A maior goleada em jogos oficiais em 99 anos de clube. Heitor Marcelino Domingues balançou a rede seis vezes – Ministro (2) Imparato (2) e Caetano anotaram os demais gols.

Palestra Itália 5 x 2 Ferencváros – HUN (14/7/1929) – 1 voto
Foi a primeira vez que o Palestra Itália jogou de azul, cor da camisa da seleção da Itália, e o primeiro confronto realizado no estádio contra uma equipe europeia.

Palestra Itália 8 x 0 Santos (11/12/1932) – 1 voto
Campeão invicto de 1932, com 100 por cento de aproveitamento, o massacre de 8 a 0 foi a maior goleada da história do clássico.

Palestra Itália 6 x 0 Bangu (13/08/1933) – 1 voto
A goleada de 6 a 0 marcou a reinauguração do campo do Parque Antarctica, que passou a ser chamado de *Stadium Palestra Itália*.

Palmeiras 3 x 1 Corinthians (13/10/1945) – 1 voto
Os rivais disputaram um jogo beneficente ao MUT (Movimento Unificador dos Trabalhadores), com o objetivo de arrecadar fundos para a campanha eleitoral do Partido Comunista do Brasil.

Palmeiras 2 x 1 River Plate – ARG (18/12/1946) – 1 voto
Vitória sobre o maior time da história do River Plate ("La Máquina" da linha de frente composta pelo quinteto Múñoz, Moreno, Pedernera, Labruna e Lostau).

Palmeiras 4 x 3 São Paulo (17/08/1947) – 1 voto
O Choque-Rei foi do "Canhão do Parque", o ponta Lula, que marcou três gols. Todos em cobranças de falta.

Palmeiras 2 x 2 Barcelona – ESP (27/11/1949) – 1 voto
Estreia do clube na Europa na disputa do torneio Bodas de Oro. Um ótimo resultado que iniciava a preparação do time que conquistaria as Cinco Coroas.

Palmeiras 4 x 2 Vasco (01/03/1958) – 1 voto
Pelo Rio–São Paulo de 1958, o Verdão virou um 2 a 0 inicial com grande atuação de Mazola, que fez dois gols e deu o passe para os outros. Foram quatro gols em 15 minutos.

Palmeiras 5 x 1 Santos (29/11/1959) – 1 voto
Depois de derrota por 7 a 3 na Vila Bemiro, o troco no returno do Paulistão. Julinho Botelho fez dois gols, Américo Murolo mais dois, e Romeiro fez mais um.

Palmeiras 8 x 2 Fortaleza (28/12/1960) – 1 voto
A maior goleada em uma decisão da história de qualquer competição brasileira. Foi o segundo jogo decisivo da Taça Brasil de 1960.

Palmeiras 5 x 0 São Paulo (19/05/1965) – 1 voto
Com seis vitórias, um empate e uma derrota no Rio–São Paulo de 1965, o Palmeiras sagrou-se campeão sem a necessidade da decisão. A maior goleada palmeirense no confronto.

Palmeiras 3 x 1 URSS (29/01/1966) – 1 voto
Vitória da primeira Academia sobre a equipe que seria semifinalista da Copa da Inglaterra, seis meses depois da derrota no Pacaembu, em amistoso.

Palmeiras 3 x 0 São Paulo (15/12/1966) – 1 voto
Na campanha do título estadual de 1966, uma grande vitória sobre o rival que sofria na fila enquanto construía o Morumbi.

Palmeiras 2 x 1 Grêmio (08/06/1967) – 1 Voto
A conquista do primeiro Roberto Gomes Pedrosa. No Pacaembu, show de César Maluco, que fez os dois gols com menos de 24 minutos.

Palmeiras 2 x 0 Náutico (29/12/1967) – 1 Voto
O segundo título nacional do clube em 1967. O primeiro multicampeão brasileiro. Em lua de mel, Ademir da Guia comandou a vitória no terceiro jogo, no Maracanã, pela Taça Brasil.

Palmeiras 3 x 1 Estudiantes de La Plata – ARG (07/05/1968) – 1 Voto
No segundo jogo da final da Libertadores, um show de Tupãzinho, no Pacaembu. Não havia saldo. No terceiro jogo, o time de La Plata venceu no Uruguai e ficou com o título.

Palmeiras 0 x 1 São Paulo (27/06/1971) – 1 Voto
O título paulista foi perdido com a derrota. O Palmeiras precisava vencer e foi prejudicado pela anulação de um gol legal de Leivinha.

Palmeiras 5 x 1 Peñarol – URU (11/02/1972) – 1 Voto
O Palmeiras disputou o Torneio Mar Del Plata contra Boca Juniors, San Lorenzo e Peñarol. A segunda Academia que começava sua história naquela competição terminou o torneio invicta.

Palmeiras 3 x 1 CRB (04/10/1972) – 1 Voto
Para o ministro do Esporte Aldo Rebelo, as conquistas da Taça Brasil, Robertão e Brasileirão foram fundamentais para o crescimento da torcida alviverde nas regiões.

Palmeiras 2 x 1 Internacional (17/02/1974) – 1 Voto
A virada nos últimos 15 minutos, gols de Ronaldo e Luís Pereira, garantiria, no jogo seguinte, a conquista do bicampeonato brasileiro, em 1973.

Palmeiras 2 x 0 Barcelona – ESP (31/08/1974) – 1 Voto
Quem foi ver os holandeses Johan Cruyff e Neeskens, da Laranja Mecânica da Copa de 1974, viram um espetáculo de Ademir da Guia e bela companhia da Segunda Academia, pelo Ramón de Carranza.

Palmeiras 3 x 1 Real Madrid (31/08/1975) – 1 Voto
Show na conquista do terceiro Ramón de Carranza. Jogo que acabaria levando Luís Pereira e Leivinha para o Atlético de Madri, na semana seguinte.

Palmeiras 5 x 1 Santos (19/11/1979) – 1 Voto
Outro espetáculo do time de Telê Santana, pelo Paulistão de 1979. Gol antológico de Jorginho Putinatti, no Morumbi.

Palmeiras 3 x 2 São Paulo (01/05/1994) – 1 Voto
Na manhã daquele domingo, palmeirenses e são-paulinos choraram a morte de Ayrton Senna, no GP de Ímola. No Morumbi, Evair comandou a vitória que encaminhou o bi paulista.

Palmeiras 1 x 1 Corinthians (18/12/1994) – 1 Voto
Jogo do bi brasileiro, o quinto título em 19 meses. Três deles contra o maior rival. O segundo deles vencido no Pacaembu. Despedida de Evair, César Sampaio e Zinho.

Palmeiras 6 x 1 Borussia Dortmund – ALE (22/01/1996) – 1 Voto
O espetacular time do Palmeiras do primeiro semestre de 1996 deu o ar da graça conquistando o segundo Torneio Euro-América, em Fortaleza.

Palmeiras 1 x 0 Cruzeiro (29/12/1998) – 1 Voto
Arce fez o gol do título da primeira Copa Mercosul, mais uma primazia palmeirense. Foi o nono jogo entre os rivais na temporada.

Palmeiras 4 x 2 Vasco da Gama (21/04/1999) – 1 Voto
Alex (mais uma vez) comandou o show contra o então campeão da Libertadores, em São Januário. O jogo que marcou a arrancada rumo à conquista da América.

Palmeiras 2 x 0 Corinthians (05/05/1999) – 1 Voto
O dia em que Marcos Roberto Silveira Reis começou a ser canonizado. Oséas e Rogério fizeram os gols na partida de ida das quartas de final da Libertadores de 1999.

Palmeiras 4 x 0 Vasco da Gama (01/03/2000) – 1 Voto
Uma das melhores exibições da história do clube. O jogo do conquista do Rio–São Paulo, no Morumbi. O último título da primeira passagem de Luiz Felipe Scolari.

Palmeiras 3 x 4 Vasco da Gama (20/12/2000) – 1 Voto
A maior virada sofrida pelo clube. Depois de abrir 3 a 0 no primeiro tempo, levou quatro na segunda etapa, perdendo o bi da Mercosul, no Palestra Itália.

Palmeiras 4 x 2 São Paulo (20/03/2002) – 1 Voto
Pelo Rio–São Paulo, Alex chapelou o zagueiro Emerson, deu um segundo chapéu no goleiro Rogério Ceni, e marcou de sem-pulo um gol que valeu placa.

Palmeiras 2 x 0 São Paulo (20/04/2008) – 1 Voto
Com gols de Leo Lima e Valdivia, e vazamento de gás de pimenta no vestiário do São Paulo, a vitória levou o Verdão à final do Paulista que seria vencida contra a Ponte Preta.

Palmeiras 2 x 0 Grêmio (13/06/2012) – 1 Voto
O Grêmio de Luxemburgo era favorito contra o Palmeiras de Felipão. Mas, no Olímpico, no final de jogo, os dois gols encaminharam a classificação para a final da Copa do Brasil.

Pazza Gioia!

Palestra Itália 2 x 1 Paulistano
Campeonato Paulista

Data: 19/12/1920
Local: Chácara da Floresta
Juiz: Hermann Friese
Gols: Machado Martinelli 50', Mário 51' e Forte 77'
PALESTRA ITÁLIA: Primo; Oscar e Bianco; Bertolini, Picagli e Severino; Martinelli, Federici, Heitor, Ministro e Forte
Técnico: Bianco
PAULISTANO: Arnaldo; Guarany e Carlito; Sérgio, Zito e Mariano; Agnello, Mário, Friedenreich, Cassiano e Carneiro Leão
Técnico: não há registros

NONNO BEPPE – Angelo, meu neto, vou contar com os amigos Fernando Galuppo, Jota Christianini e José Ezequiel Filho os prélios do *nostro* Palestra Itália, de janeiro de 1915 a março de 1942.

JOTA CHRISTIANINI – Os jogos do Palestra de São Paulo, de março a setembro de 1942.

JOSÉ EZEQUIEL FILHO – Os jogos do Palmeiras campeão do século XX em todo o Brasil, desde a Arrancada Heroica, em 20 de setembro de 1942, até a eternidade!

NB – Vamos contar até uma derrota por7 a 6 para o Santos de Pelé, em 1958. Amar um clube independe de vitória e títulos. É incondicional. É como amar você, Angelo. Antes mesmo de você e seu pai nascerem eu já os amava. Como amarei sempre o nosso clube. Embora não seja difícil amar um campeão como o Palmeiras.

ANGELO – Qual foi o nosso primeiro título?

FERNANDO GALUPPO – A *pazza gioia*! A "enlouquecida alegria" dos italianos que ajudaram a construir São Paulo.

NB – E quase a destruíram na festa do primeiro título. Quando o Palestra Itália conquistou o estadual contra o maior vencedor paulista da época. O Clube Atlético Paulistano. Então tetracampeão. Eles só não foram pentas por que enfrentaram naquele 19 dezembro de 1920 o futuro campeão do século XX.

JC – Vencemos o time de *El Tigre* Arthur Friedenreich. O primeiro grande craque brasileiro.

JEF – O Ademir da Guia dos nos 1910... o Fried foi fenomenal, mas não foi Divino.

NB – Ele era demais. E o time deles, excelente. Tinham sete títulos paulistas então. Voltariam a ganhar o de 1921. Com a mesma base. E muita força política. Era a elite de um esporte que começava a se tornar popular. Também pela festa da comunidade italiana depois da grande vitória palestrina.

FG – Foi um campeonato muito duro e disputado, o de 1920. A decisão com o Paulistano foi um jogo-desempate. Terminamos os dois turnos iguais, com doze vitórias, dois empates e duas derrotas.

JEF – Começamos a campanha com muita naturalidade e tranquilidade: vencemos aquele que se tornaria o maior rival, por 3 a 0. Dois gols do Heitor e um do Ministro contra o Corinthians. Repetindo o mesmo placar do primeiro dérbi paulistano, em 1917. Do Ettore pode falar o biógrafo dele, o Galuppo, que lançou o livro *Alma Palestrina*.

FG – Heitor, ou Ettore, foi um gênio do seu tempo. Serviu o Palestra com amor olímpico. Foi craque com a bola nos pés. Jogou pela seleção paulista e a brasileira. Pela nacional, foi um dos líderes do time que conduziu o Brasil ao título de Campeão Sul-Americano em 1919. Brilhou também no basquete, no atletismo e até como juiz de futebol. Até hoje é o maior artilheiro de nossa história.

JEF – Naquele 1920, compramos o estádio do Parque Antarctica. A cha-

A formação palestrina que conquistou o primeiro título do clube, seis anos depois da fundação, e contra o maior clube do país à época, o Clube Atlético Paulistano

mada "loucura do século", pelo que gastamos. Na manhã de 27 de abril, Menotti Falchi assinou a escritura de compra do Parque.

NB – Foi no Paulistão de 1920 que conquistamos a maior goleada em jogos oficiais de nossa história. O Internacional paulistano perdeu por 11 a 0, em 8 de agosto. Está lá no *Almanaque do Palmeiras*, escrito pelos grandes Mario Sergio Venditti e Celso Unzelte.

FG – Na rodada seguinte, fechamos o turno empatando com o Paulistano, em casa. Um a um.

JC – A primeira derrota foi de virada para o Corinthians, no returno. 2 a 1. Depois voltamos ao normal e lideramos o campeonato até a última rodada. Precisávamos empatar no Palestra com o Paulistano para conseguir o título. Mas perdemos por 1 a 0.

JEF – O empate era nosso. O Paulistano tinha ótima equipe, mais entrosada e experiente. Não deu.

NB – Nossa base também vinha bem entrosada. Fomos vice-campeões paulistas em 1919, ficando a um ponto do Paulistano e do título. O time era quase o mesmo que seria campeão em 1920.

JEF – Em 1918, também fazíamos um bom campeonato. Mas, no jogo contra o Paulistano, no Jardim América, perdemos por 3 a 1. Marcaram um pênalti no mínimo discutível para eles e quatro jogadores nossos abandonaram o campo. Logo depois, o Palestra deixou o campeonato, reclamando de tudo e de todos. Com razão. E também com muita emoção.

JC – Ao menos o clube cumpriu com sua vocação e suas obrigações. Abrimos nossas dependências para cuidar das pessoas infectadas pela gripe espanhola que assolou o país e o mundo em 1918, matando, só no Brasil, mais de 300 mil pessoas até 1920.

FG – Em 1916, não fomos bem no primeiro estadual que disputamos. Acabamos em sexto. Em 1917, com a chegada de craques da várzea e muita gente do timaço do Ruggerone, na Lapa, fomos vices.

NB – A linha média já contava com Bertolini, Picagli e Fabbi. Já dava o ar da graça a linha de frente com Ministro, Heitor, Martinelli...

JEF – Pelos problemas extracampo de 1918 e pelo vice-campeonato paulista de 1917 e 1919, entramos com tudo no torneio de 1920. E mais ainda no jogo extra, em 19 de dezembro.

FG – Uma garoa fina naquela tarde de domingo deixava o campo neutro da Floresta, na zona norte paulistana, em condições ruins. Os torcedores encheram o estádio.

JC – Mas nem tanto encheram de reclamações contra a companhia Light & Power, que cuidava do serviço de bondes. Dizem que o transporte, naquela tarde, não foi tão problemático...

FG – Na grande final, lá na Floresta, estávamos sem o médio-esquerdo Fabbi. Ele havia se lesionado no jogo anterior. Em 1936, seria nosso treinador no título paulista. Severino o substituiu.

JEF – O zagueiro-esquerdo Pedretti era outro desfalque nos dois últimos jogos do returno. Ele havia atuado por um clube de Uberaba sem a autorização da diretoria. O Oscar entrou no lugar dele.

NB – Primo, Bianco e Oscar na zaga; a linha média tinha Bertolini, Picagli e Severino; na frente, Forte, Ministro, Heitor, Federici e Martinelli. O time dirigido pelo grande zagueiro, capitão e treinador Bianco, nosso primeiro centromédio na partida de estreia do Palestra, na vitória sobre o Savóia, em Votorantim, em 1915.

FG – Bianco Spartaco Gambini! Era um centromédio excelente. O *center-half*, talvez a função mais importante do esquema 2-3-5 de então. Campeão Paulista pelo Corinthians, em 1914, foi um dos quatro atletas do rival que atuaram pelo Palestra na estreia. Foi o único que ficou no clube. Até 1929!

JEF – Além de ter feito o primeiro gol de nossa história, em 1915, virou capitão em seguida, e nos 14 anos em que defendeu o Palestra. Em 1920, ele já era zagueiro. E dos ótimos. Foi titular da seleção do Brasil , campeão sul-americana em 1919. Ele e o Heitor.

FG – No jogo extra contra o Paulistano, em 1920, o Palestra ganhou reforços do Segundo Quadro. Eles fizeram grande campanha no estadual. Havia, na época, uma segunda equipe de cada clube do campeonato. Onde atuavam reservas e aspirantes. Como não havia substituições nos jogos, era um bom jeito de preparar os reservas. Entre eles veio o jovem Matteo Forte Sobrinho.

FG – Naquele jogo-desempate contra o Paulistano, diferente das decisões de 1917 e 1919, jogamos de peito aberto. Fomos para o ataque no campo da Associação Atlética das Palmeiras.

JC – Tinha de ser. Nosso primeiro título veio no local onde atuava o clube que nos motivaria a adotar o novo nome, a partir de 1942.

NB – *O Estado de S.Paulo* destacou bem. Ao contrário do que acontece muitas vezes em grandes decisões, aquela final foi "um jogo de campeões".

FG – Atacamos o tempo todo.

JEF – Tanto que o redator de *O Estadão* disse que a primeira fase "foi uma alternativa de ofensivas e defensivas, belíssima de apreciar, mas cuja descrição é impossível".

NB – O cara deu é uma baita enrolada só porque não anotou direito as jogadas.

JEF – Nossa ala esquerda, formada por Federici e Martinelli, foi o destaque do primeiro tempo. Tanto quanto a defesa, que deu pouco espaço a Friedenreich. O goleiro mais acionado foi o deles.

FG – Só faltou o gol. Ou vários deles. O Palestra foi um pouco melhor.

JC – O segundo tempo começou igual. Até 10 minutos, quando Martinelli, nosso ponta-esquerda, depois de limpar a defesa rival, bateu cruzado e fez 1 a 0. Ele tinha um canhão na canhota.

JEF – A bucha veio logo depois. Pouco mais de um minuto e o Paulistano empatou. Gol do Mário.

NB – Recobramos o fôlego e a confiança e voltamos ao ataque. Éramos melhores. Na bola e no pau, que o jogo ficou mais ríspido. Não só pela decisão em si. Também pela rivalidade.

FG – Ela ia além do campo da Floresta. Passava pelos salões da sociedade, pelas fábricas, pelo comércio, pelas ruas da São Paulo que crescia também pelas mãos e suor dos italianos. *Oriundi* que queriam a alegria que parecia ser reservada às elites.

JC – Éramos mais time. Tínhamos um torcedor mais alegre. Um time mais forte. Literalmente.

NB – Heitor lançou o nosso ponta-direita Forte. Ele ganhou na corrida e fuzilou. 2 a 1!

JEF – A descrição do jornalista Thomas Mazzoni: "Faltavam 10 minutos para terminar o tempo regulamentar e muita gente acreditava já na possibilidade dele precisar ser prorrogado, quando Heitor empreendeu uma escapada ligeira 'cobrindo' Carlito com a bola. Esta, depois de algumas peripécias, faz com que se estabeleça uma rápida confusão à porta do posto de Arnaldo. Forte, o ágil e decidido extrema palestrino, emendou-a em direção à meta, quando o seu guardião se achava fora dela, marcando assim o gol que deu a brilhante, justa e honrosa vitória ao Palestra Itália".

FG – Eram 17h22 do domingo de chuva na Floresta. Foi o minuto do gol do primeiro título palestrino. Teve mais um "gol" nosso. Mas a bola entrou pelo lado de fora, por um buraco na rede.

NB – O Paulistano veio com tudo. O Palestra mandou todas as bolas para longe. Fizemos uma cera histórica. Vários torcedores vaiaram. Mas era jogo que valia campeonato. Bola pro mato na Floresta!

JEF – Quando o árbitro Hermann Friese (figura histórica do Germânia, futuro Pinheiros) terminou o jogo, invadimos o campo. Carregamos nossos atletas no gramado, para não dizer pelas ruas. A cidade parou. Pirou!

FG – A comemoração tomou a noite e a madrugada de São Paulo. Os torcedores tomaram todas! Muito vinho e cerveja foram servidos na sede do clube. Excessos foram cometidos. O presidente até mesmo colocou seu cargo à disposição pela louca alegria que varreu São Paulo e os paulistanos.

NB – E o Clube Atlético Paulistano...

FG – Era o Palestra campeão! A *pazza gioia*, como ficou conhecida a festa do primeiro título.

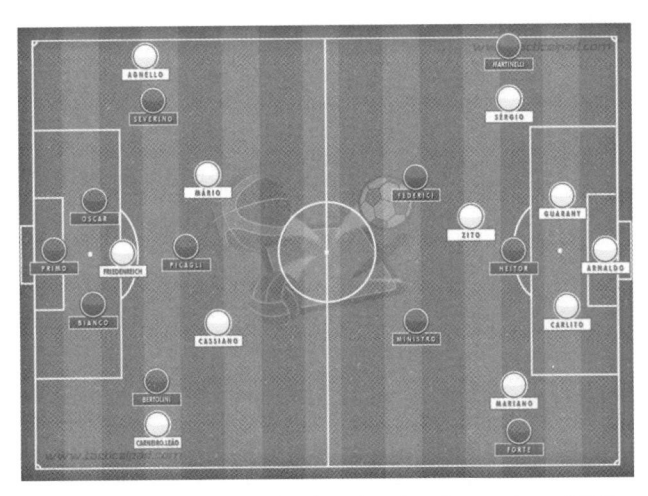

Palestra Itália e Paulistano armados ofensivamente no 2-3-5 usual dos primórdios do futebol brasileiro

Oito! Oito! Oito!

Palestra Itália 8 x 0 Corinthians
Campeonato Paulista e Torneio Rio–São Paulo

Data: 05/11/1933
Local: Palestra Itália
Juiz: Haroldo Dias da Motta
Gols: Romeu Pelliciari (7', 30', 40' e 52') , Gabardo 46' e Imparato (54', 80' e 85')
PALESTRA ITÁLIA: Nascimento; Cernara e Junqueira; Tunga, Dula e Tuffy; Avelino, Gabardo, Romeu Pellicciari, Lara e Imparatto
Técnico: Humberto Cabelli
CORINTHIANS: Onça; Rossi e Bazani (Nascimento); Jango, Brancácio e Carlos; Carlinhos, Baianinho, Zuza, Chola e Gallet
Técnico: Pedro Mazzulo

NONNO BEPPE – Eu era criança. Nesse dia, eu só soube pelo barulho pelas ruas do Ipiranga o que havia acontecido no Palestra Itália contra nosso maior rival. Bem no ano da modernização de nosso *Stadium*, como se chamava nossa casa. Nosso lar.

JOSÉ EZEQUIEL FILHO – Naquele 5 de novembro de 1933, depois do Dia de Finados, o dérbi paulistano chegou ao seu limite. À sua maior, melhor e mais distante definição.

NB – Parece conta de mentiroso. Mas, para o time que, na primeira rodada do turno do Campeonato Paulista, em sete de maio, já vencera os rivais por 5 a 1, na casa deles, no Parque São Jorge, nada mais natural que ampliar a vantagem no jogo do returno, no nosso lar.

ANGELO – Quanto foi, Nonno? Quanto foi o dérbi?

NB – Na várzea, sempre se disse que uma grande goleada é do tipo "vira quatro, acaba oito". Pois é... Foi quase isso. Virou três, acabou oito.

ANGELO – Oito a zero? Jogamos com vinte e eles com dois?

NB – Quase isso.

JOTA CHRISTIANI – Naquela tarde, meu pai, meu avô e eu pegamos o bonde na rua Guaicurus, o famoso 35.

ANGELO – Estava escrito nas estrelas e nos letreiros! 35. 3 + 5! Oito!

JC – Boa! Daí, descemos na avenida Água Branca, então empoeirada, e fomos para a frente do estádio. Os bondes despejavam centenas de pessoas. Os jornais da época, pasmos com essa situação, bradavam: "Onde pensam que vão estes operários italianos, o que eles querem, nos seus dias de folga, lotando os bondes para ver o Palestra jogar? O que eles vão querer depois?" Eles veriam mais tarde que queríamos o mundo.

FERNANDO GALUPPO – Li no acervo da *Folha de S.Paulo* que o dia prometia chuva. Não choveu. Quer dizer... Teve uma tormenta. Mas não para o nosso lado.

JC – Sempre foi bonito o nosso estádio. Mais do que tudo, como dizia meu avô: "Era nosso!" Pago com nosso dinheiro. Só dinheiro palestrino. Havíamos comprado tudo aquilo em 1920, mas terminaríamos de pagar a conta logo depois.

FG – Tudo que fizemos e temos é 100 por cento nosso. Compramos sozinhos o Palestra Itália. Reformamos neste século o estádio com ajuda de uma empresa privada. Não temos um centavo e um centímetro de cimento público em nosso patrimônio. É tudo palestrino. É tudo palmeirense.

NB – Foi 8 a 0 contra o Corinthians. Duas vezes. Por que o jogo era tanto válido pelo Campeonato Paulista como pelo primeiro torneio Rio–São Paulo. As partidas dos estaduais do Rio e de São Paulo também valiam pelo primeiro torneio interestadual realmente importante no Brasil.

FG – Fomos campeões paulistas em 1933. E também campeões do Rio–São Paulo do mesmo ano. Além de passar por cima dos rivais estaduais, os adversários regionais não foram páreo. Ganhamos dezessete dos 22 jogos do Rio–São Paulo.

Foram apenas três derrotas na conquista do primeiro título interestadual do regime profissional que se implantava naquele ano de 1933. O diário paulista *O Esporte* mancheteou, no dia seguinte, que o "Palestra era campeão brasileiro de 1933".

NB – Era o primeiro ano do profissionalismo no futebol brasileiro. Como não podia deixar de ser, e quase sempre seria assim em nossa história, fomos pioneiros. Precursores. Palestrinos. Palmeirenses. Primeiros!

JC – Foi uma belíssima campanha no Rio–São Paulo. Começada exatamente contra nosso maior rival. Cinco a um no Parque São Jorge. Um show de Romeu Pellicciari e belo elenco. Vencemos no turno o Fluminense por 4 a 1, nas Laranjeiras. Em 13 de agosto, metemos 6 a 0 no campeão do Rio, o Bangu, no dia em que inauguramos nosso novo estádio, com arquibancada de cimento armado. Também a pioneira no país.

JEF – No returno, no Rio, fizemos 4 a 0 no América. Aqueles 8 a 0 contra o Corinthians não foram ocasionais. Foram naturais para aquela equipe dirigida por Humberto Cambelli.

JC – Na goleada contra nosso maior rival, o jornal *O Estado de S.Paulo* publicou que o adversário era "fraco e desorientado" e que o Palestra "não teve dificuldade" para fazer 8 a 0. Parecia que havíamos vencido o time da Liga das Mães dos Jornalistas Paulistanos...

NB – O redator do jornal disse que aquela rodada (a penúltima do returno) foi das mais "fracas" do certame... Imagine se, em vez de 8 a 0, o dérbi terminasse sem gols...

JC – O comentarista parecia inconsolável. Disse que "não era pequeno o número dos que esperavam uma bela figura dos rapazes de calções pretos". O time de camisa verde? Nenhuma linha na introdução de uma goleada por 8 a 0. Para o redator, não era o Palestra que vencera de goleada. Era o Corinthians que perdera por 8 a 0. Aliás, continua sendo isso na nossa mídia sem modos.

JEF – Foi nosso primeiro show em 1933, aquela vitória por 5 a 1 contra o Sport Club, na Fazendinha. Quem atuou aquele dia na nossa linha média foi o Cambon, uruguaio que seria nosso treinador na conquista da Copa Rio de 1951.

JC – O interessante é que o jornalista do *Estadão* disse que o Palestra só ganhou por 5 a 1 porque chutou bem as bolas de longe. Para ele, o time não "produziu ofensivamente..."

JEF – Fato. Cinco a um na casa do rival é um péssimo desempenho do ataque!

JC – O mesmo redator, pelo estilo, deve ter feito o texto do 8 a 0 do returno. Sempre dando mais ênfase ao ponto de vista do time que levou de oito, não do que conseguiu a goleada histórica. Em vez de enaltecer o enorme Romeu Pelliciari, aquele que o Tim (grande armador do Fluminense) dizia que "ficava meses sem errar um passe", o jornalista mais cornetou o sistema defensivo "alvipreto", que não tinha ninguém para "embaraçar as ações" de nosso grande meia-direita e atacante. Nosso Príncipe: Romeu.

NB – Ele foi um dos maiores artilheiros do dérbi. Marcou quartoze gols em quinze jogos contra eles. Foi nosso centroavante e depois meia-direita. Forte (para não dizer fortinho até demais), rápido e muito, muito técnico. O Romeu fazia gols com facilidade e passava com categoria. Jogou de 1930 a 1935. Ainda voltaria em 1937 e, depois, em 1942.

JC – O jornalista do *Estadão* se saiu com esta depois do 8 a 0: "Do Palestra, pouco se pôde dizer, pois que um conjunto, quando age à vontade, encontra a mesma facilidade de um orador tímido quando treina o "improviso" diante da cara-metade..."

FG – Segundo o jornal, os destaques do Corinthians foram os zagueiros. Os que sofreram oito gols. Imagine como jogaram os outros...

JEF – Devem ter jogado como o segundo quadro deles. Aliás, na preliminar, também ganhamos. No campeonato do segundo quadro, também goleamos. Foi 4 a 0. No frigir das bolas, fizemos 12 a 0 naquela tarde.

JC – O jornal *Folha da Manhã* também optou por falar mais do vencido que do vencedor. "Corinthians foi derrotado fragorosamente pelo Palestra." Pelo lido, o demérito foi maior que o mérito do nosso timaço: Nascimento na meta; Carnera e o grande capitão Junqueira formaram a linha defensiva; com Tunga, Dula e Tuffy na linha média; mais Avelino, Gabardo, Romeu, Lara e Imparato.

NB – O jogo começou 15h55. No primeiro lance, o Romeu testou o goleiro Onça, em um chute de longe. Além de pensar e passar muito bem, ele tinha gosto pelo gol.

JC – Dizem, também, que pela noite o Romeu jogava e gingava muito bem. Rei da gafieira e de um bom copo. Mas, em campo, era de uma objetividade im-

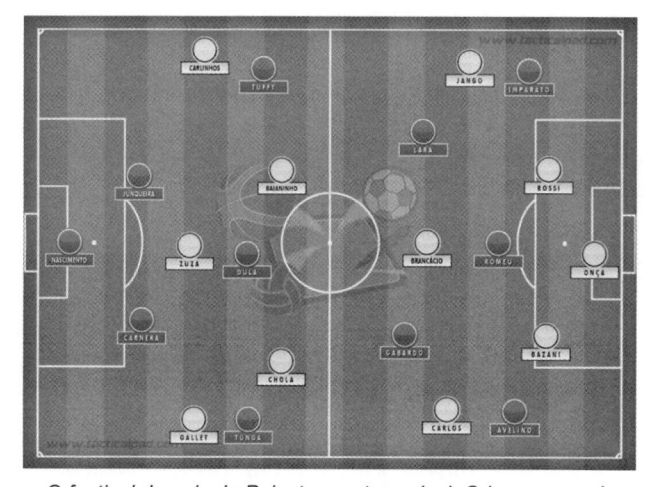

O festival de gols do Palestra contra o rival. O jogo era mais aberto e com menos marcação. Os meias voltavam pouco ao meio-campo

pressionante. É dele uma das boas frases do futebol –para não dizer da vida: "O drible tem hora certa; fora disso, é falsa malandragem".

JEF – Além da primeira chance com o Romeu, quase abrimos o placar numa cobrança de falta do Dula, que o Onça defendeu bem. Aos 17 minutos, Imparato, o "Trem Blindado", cruzou da esquerda para Romeu mandar no canto esquerdo de Onça. 1 a 0. Que poderia ser dois, logo depois, não fosse a trave, numa bomba do Romeu. Daquelas de arrancar a touquinha que ele usava na cabeça.

JEF – Era mais uma boina que uma touca. Na época, por conta do cordão que amarrava a bola de couro, alguns jogadores usavam uma touca para cabecear sem tantas dores as pesadas e bicudas bolas.

NB – E, no caso, também para disfarçar o telhado do Romeu, né... Alguns usavam para não despentear o cabelo. Muitas crianças vestiam esses gorrinhos para imitar seus ídolos.

NB– Só não foi mais no primeiro tempo por causa do árbitro, que não marcou mão na bola de Rossi. Pênalti que o juiz deixou passar, e o Palestra inteiro vaiou muito.

NB – Mas tínhamos Romeu. Aos 28, de novo Imparato serviu O Príncipe palestrino. Onça se atrapalhou com a bola e o senhor Pellicciari entrou com ela e tudo. 2 a 0.

JEF – Romeu era muito forte. Conseguia ser um centroavante trombador e impetuoso, ao mesmo tempo em que era inteligente e hábil vindo mais de trás, como jogaria logo depois como armador, inclusive pelo Brasil, na Copa de 1938.

JC – O 3 a 0 viria em lance de Gabardo para Romeu, aos 40 minutos do primeiro tempo.

NB – Foi só 3 a 0 na primeira etapa. Mas bastou um minuto da segunda para o Gabardo marcar o mais lindo gol da tarde, depois de driblar vários rivais. 4 a 0.

FG – O quinto gol foi do Romeu. Ele pegou um rebote de um chute de Imparato que o Onça não conseguiu segurar, e ampliou, aos 9. 5 a 0. Quatro dele. Depois o Príncipe recebeu de Tuffy e tocou para Imparato, vindo da esquerda, fazer mais um, na corrida, aos 9. 6 a 0. Seis, né?

JC – Ainda teve mais um gol. Anulado por impedimento do Imparato.

NB – Mas quem podia parar aquele trem verde? Imparato fez 7 a 0, aos 35, depois de uma bomba do Romeu que o Onça, de novo, deu rebote. Pena que o Avelino, nosso ponta-direita, não estava em jornada feliz. Perdeu pelo menos quatro boas chances de gol.

FG – Insaciável, nosso grande ponta-esquerda Imparato faria o oitavo gol, aos 40. Quase todos eles foram marcados dentro da área do rival que só assistia ao massacre. Os jornais dizem que Onça só falhou em um dos oito gols.

NB – Já o Nascimento, segundo relato da *Folha*, pegou na bola quatro vezes em 90 minutos.

JEF – Imparato fez três gols naquela tarde. Honrando o nome que, historicamente, é dele na história do clube: Imparato IV. Uma grande família palestrina. Quatro irmãos muito bons.

JEF – Era o "Trem Blindado" pela força e faro de gol que tinha. Um grande ponta-esquerda.

JC – Quando acabou nosso festival de futebol no Palestra, naquela tarde, em vez de voltar para a Lapa, meu avô ordenou: "todos para a Patriarca"! E lá fomos de bonde para a sede do Palestra, na praça do Patriarca, perto do Anhangabaú. O ritual no bonde era delirantemente monocórdico: "oito! oito! oito! oito! oito!". Na cidade, nossa massa delirava na praça, cantando: "A nossa turma é boa / é da Patriarca / arca! arca! arca! /Palestra! Palestra!"

JEF – A festa dos palestrinos foi grande. A dor rival foi imensa. No dia seguinte, à noite, quase quinhentos alvinegros foram até a sede deles, na rua José Bonifácio, 33, no centro da cidade, ameaçando invadi-la para destituir a direção do clube. Toda a diretoria alvinegra, que assumira no começo de 1933, acabou se demitindo pelos 8 a 0 e pelas manifestações.

NB – Uma dessas, digamos, "ordeiras" de torcedores do lado de lá pediam "uma vassourada" no clube como único modo de "salvação". Acabaram derrubando o que havia e quem havia por perto.

FG – A manchete de *A Gazeta* tomou as dores – que não eram poucas – do outro lado: "O clássico encontro Palestra x Corinthians resultou o maior revés do alvipreto do Parque S. Jorge."

JEF – Até hoje é assim. Desde o primeiro dérbi, em 1917, nunca houve derrota deles como aquela.

NB – Acabaríamos campeões paulistas logo depois, vencendo o São Paulo da Floresta por 1 a 0. Com doze vitórias, um empate e apenas uma derrota para a Portuguesa, no turno. Nas últimas cinco rodadas, foram quatro goleadas e nenhum gol sofrido. Fomos bicampeões estaduais aquele ano e ganharíamos nosso primeiro tri paulista em 1934.

FG – No primeiro título, em 1932, fomos invictos pela segunda vez em nossa história (a primeira foi no Paulista de 1926). Ganhamos os onze jogos. E com o Estadual parado de julho a novembro por conta da Revolução Constitucionalista de 1932, nem assim o time perdeu o ritmo e os pontos.

JEF – Mas nada se compara aos 8 a 0. O que publicou *A Gazeta*: "Uma grande tarde de Romeu." Um caso de amor, amigos. Até inspirou aquele simpático filme, *O Casamento de Romeu & Julieta*.

NB – Nada mais cinematográfico que um 8 a 0. Não existe em clássico. É obra de ficção!

JC – Só no dérbi. Só uma vez. A única.

Arrancada heroica

Palmeiras 3 x 1 São Paulo
Campeonato Paulista

Data: 20/09/1942
Local: Pacaembu
Renda: 231:239$000
Público: 55.913
Juiz: Jaime Janeiro Rodrigues
Gols: Cláudio Pinho 20', Waldemar de Brito 23', Del Nero 43' e Echevarrietta 60'
PALMEIRAS: Oberdan; Junqueira e Begliomini; Zezé Procópio, Og Moreira e Del Nero; Cláudio Pinho, Waldemar Fiúme, Lima, Villadoniga e Echevarrietta
Técnico: Del Debbio
SÃO PAULO: Doutor; Piolim e Virgílio; Lola, Noronha e Silva; Luizinho Mesquita, Waldemar de Brito, Leônidas, Remo e Pardal
Técnico: Conrado Ross

ANGELO – Nonno, você é mais palestrino ou palmeirense?

NONNO BEPPE – Palestrino de berço eu sou, palmeirense no túmulo serei. Há mais tempo sou palmeirense – por ser Palmeiras desde a noite de 14 de setembro de 1942. Não pude ser mais tempo palestrino (desde antes de nascer) por que não nos deixaram ser Palestra Itália por mais tempo. Eu gosto mesmo de me chamar "palmeirista", como muitos do meu tempo já falaram. Sei que tem quem se acha só palestrino. Tem quem já nasceu palmeirense. O que importa, Angelo, é que a alma, a essência, essa é a mesma. Sempre será. Honrando seja qual for meu nome. Respeitando os outros clubes sempre. Só ganhamos tanto porque outros perderam tanto. Pena que alguns perderam também a compostura. Querendo ganhar o que não era deles. Era nosso. Patrimônio construído por italianos, filhos e netos, e mantido e querido por espanhóis, alemães, japoneses, brasileiros. Gente sem distinção. Mas distinta!

JOSÉ EZEQUIEL FILHO – A violência e virulência dos que nos obrigaram a mudar de nome em 1942 é algo que não se justifica nem em tempos de exceção como aqueles. Angelo, é como se alguém chegasse, mesmo que em nome da guerra, e mudasse seu nome de batismo, seu sobrenome de família. Se em nome de qualquer coisa mudassem o nome de sua escola, de sua empresa.

FERNANDO GALUPPO – Em 1937, antes mesmo do início da Segunda Guerra Mundial, o governo federal emitiu um comunicado à diretoria do Palestra Itália, sugerindo a mudança de nome do clube. Os dirigentes foram obrigados a enviar atestados de antecedência criminal até. Um absurdo!

NB – A ditadura de Getúlio Vargas forçou ainda mais a barra no final de 1941. Já havia um movimento dentro do Palestra para suprimir a palavra "Itália" de nosso nome. Até mesmo uma fusão com o Espéria (também de origem italiana) se cogitava. Algo como Palestra Espéria.

FG – No começo de 1942, a pressão ficava maior. Nossos dirigentes tiveram de abrir contas e estatutos para as autoridades do governo. Tínhamos de prestar informações e esclarecimento sobre tudo. Para acompanhar jogos em Santos, a torcida tinha de pedir permissão ao DOPS, o departamento de polícia do Estado! Pedidos que eram sempre negados.

JE – Qualquer reunião no Palestra tinha de ser notificada três dias antes para as autoridades. Nenhum encontro podia ser feito fora da sede.

FG – Com o Decreto 4.166, de 11 de março de 1942, os bens pertencentes aos italianos, alemães e japoneses (pessoas físicas e jurídicas) podiam ser confiscados e usados pelo governo brasileiro para compensar os prejuízos de atos de agressão praticados pelos três países contra o Brasil.

JOTA CHRISTIANINI – Até 30 por cento dos bens podiam ser tungados pelo governo. A reação de parte da população foi imediata. Lojas e propriedades de estrangeiros foram depredadas.

JEF – Não tínhamos mais o que fazer. Em 13 de março de 1942, viramos Sociedade Esportiva Palestra de São Paulo. Tiramos a Itália do nome. Não de nossa história.

FG – Para acalmar a ira e sede de poder (e a fome de ganhar uma sede esportiva e social) de algumas pessoas ligadas ao São Paulo Futebol Clube e à elite paulistana, nos obrigaram a mudar de nome. Nosso primeiro jogo foi em 14 de março. Empate por 1 a 1 com o São Paulo.

JC – Jogo que marcou uma estreia discreta de um não menos discreto half-direito gaúcho. Brandão. O Velho Mestre Oswaldo Brandão, um dos maiores treinadores do futebol brasileiro.

JEF – Muitos não-palestrinos não estavam satisfeitos com o nome e os números do Palestra de São Paulo. Queriam mais – ou menos Palestra. Queriam tudo – tudo do Palestra paulista. Tão intolerantes quanto ignorantes, achavam que "Palestra" era um termo italiano. Exigiram a mudança total.

JC – Não sabiam que "palestra" é palavra grega. Que significa praça esportiva. Local onde se pratica esporte. Uma sociedade esportiva. Como a nossa.

FG – No livro que escrevi *Morre Líder, Nasce Campeão*, publiquei a transcrição de um relato concedido ao conselheiro palmeirense Luiz Granieri pelo general Adalberto Mendes, figura essencial em 1942. O então capitão Mendes, um sergipano vascaíno que até pouco antes não era palestrino, mas viraria imenso palmeirense, disse o seguinte: "Em razão da Guerra Mundial e de o Brasil ter se colocado contrário ao lado defendido pela Itália, a Rádio Record deu início a uma campanha que afirmava ser o Palestra uma equipe inimiga da Nação. Não existia nenhum ato oficial que nos obrigasse a mudar de nome, mas a campanha era forte. Criou-se a lenda de que no Palestra Itália havia traidores do Brasil, mas o que estes homens tinham, na verdade, era um falso patriotismo, pois seu objetivo se fundamentava na captação do nosso patrimônio".

NB – Os dirigentes são-paulinos e donos e funcionários da Record sempre negaram esse interesse.

FG – Prosseguiu o general Mendes: "Fui contatado pelo então capitão Sílvio de Magalhães Padilha, diretor de esportes da secretaria de educação paulista. Ele me pediu para que intercedesse [junto aos diretores do Palestra] no sentido de alterarmos o nome da nossa agremiação, sob pena de termos todo o nosso patrimônio perdido".

JC – O clima era de hostilidade espantosa. O jornal *Diário Popular* era outro que calcava a mão contra os palestrinos. Panfletos apócrifos foram distribuídos pela cidade incitando a reação popular contra nosso clube. Chamando cada um de nós de traidor. Ou o sinônimo "Quinta-coluna", termo que ficara famoso desde a Guerra Civil espanhola, em 1936.

JEF – Talvez não tivéssemos realmente precisado mudar de nome. Mas precisávamos agir política e pacificamente para evitar a desapropriação de nosso patrimônio.

FG – Esses panfletos espalhados pela cidade nos chamavam de "fascistas". Um absurdo. Em todo o clube, em 1942, nem dez pessoas tinham simpatia pelo fascismo italiano. Se tanto.

Protegido por Begliomini e Junqueira, Oberdan segura firme e evita a cabeçada de Leônidas da Silva, no duelo clássico entre as grandes equipes paulistas dos anos 1940

JEF – Mas nossos rivais queriam mais que Palestra de São Paulo. Pior: não queriam mais Palestra. Ou queriam o nosso clube todo.

FG – Em 15 de agosto de 1942, três navios brasileiros foram afundados por submarinos alemães. Não teve mais como Vargas ficar neutro. O Brasil entrou em estado de beligerância uma semana depois. Em 31 de agosto, pelo Decreto 10.358, declaramos guerra contra o Eixo. Contra Alemanha, Japão e Itália. Logo, várias associações tiveram de mudar de nome. Quando não foram simplesmente dissolvidas, como alguns clubes húngaros, alemães, japoneses e lituanos.

JC – Muita gente de fora achava uma violência mudar nosso nome. Como o presidente do Conselho Nacional do Desporto, João Lyra Filho. Ele foi perfeito: se a guerra era motivo para mudar de nome, ele, que era Lyra, teria de arranjar outro sobrenome, já que a moeda italiana se chamava lira...

NB – Pressionados, os dirigentes palestrinos reuniram o Conselho, em 14 de setembro de 1942. O livro de atas do Palestra transcreve o espírito daquela noite de segunda-feira: "O clube podia ter lutado, na via judiciária, para não mudar de nome. Pareceres de eminentes juristas, autoridades respeitáveis, asseguravam-lhe o direito de continuar Palestra. Mas acima de tudo, devia prevalecer o sentido de colaboração com a paz interna de que o Brasil precisava."

FG – Para acalmar ânimos e aplacar a ira dos adversários e algumas autoridades, houve reformulação na diretoria, que passou a ter nomes nascidos no Brasil.

Durante a reunião, autoridades do governo exigiam, por telefone, a mudança de nome da sociedade.

ANGELO – Quais os nomes que foram sugeridos? Por que viramos Palmeiras?

FG – Brasil, Paulista, América, Piratininga. Todos esses nomes foram pensados. Mas o conselheiro Mario Minervino lembrou as ótimas relações do Palestra com um clube extinto em 1930. Equipe que, ironicamente, havia se fundido com ex-atletas e sócios do Paulistano para fundar o São Paulo F.C. Esse clube (que era preto e branco...) se chamava Associação Atlética das Palmeiras.

JEF – Um pouco depois da uma da manhã chegamos ao consenso, aderindo à sugestão de Mario Minervino. Sociedade Esportiva Palmeiras. Nome que quase todos celebraram como melhor solução.

NB – Mas que muita gente demorou a aceitar. Como Oberdan, nosso goleiro, e Lima, o Menino de Ouro. Eles estavam com o elenco concentrados no sítio do presidente Ítalo Adami, em Poá. No domingo seguinte o Palestra jogava por uma vitória contra o São Paulo para ser campeão estadual.

JC – Os atletas receberam um telefonema na madrugada. Oberdan não esquece: "Ninguém falou nada. Ficamos todos mudos no elenco quando nos informaram da mudança de nome. Ficamos revoltados! Sabíamos quem tinha pressionado pela mudança. Tudo gente do São Paulo. Estávamos tão preocupados com tudo aquilo que sócios montaram barricadas dentro do clube, para evitar qualquer tipo de invasão do nosso patrimônio. Mas não havia mais nada a fazer. A não ser lamentar. Lembro de ter saído do salão da concentração junto com o Lima. Fomos a um canto e choramos".

FG –Vincenzo Ragognetti, jornalista e fundador do Palestra Itália, escreveu um texto definitivo na revista *Vida Esportiva Paulista*:

NB – Maravilhoso! Li em seu livro, Galuppo: "O Palestra continua no Palmeiras".

FG – Ragognetti defendia que o Palmeiras era Palestra. Contou que, já em 15 de setembro, foi visitar um enorme palestrino, Enrico de Martino, que convalescia no hospital.Emocionado, de Martino adaptou a máxima de que o Palestra continuava no Palmeiras. "O Palestra não morreu! O Palestra, o tradicional e velho Palestra, cheio de glórias e de louros, aposentou-se invicto, e o seu filhote, o Palmeiras, surge Campeão!O Palestra continua no... Palmeiras!". E, veladamente, resolveram manter a tradição no uniforme de goleiro. Todo o goleiro como o grande Oberdan teria de atuar de azul. A cor da camisa da *Squadra Azzurra*.

JC – Tivemos de mudar de nome e regularizar rapidamente na CBD a situação do atacante argentino Etchevarrieta. Os são-paulinos achavam que ele não podia trabalhar no Brasil. Situação que resolvemos na véspera do clássico, com o capitão Mendes viajando até o Rio e trazendo de volta a permissão para Etchevarrieta brilhar em campo na final. Situação que os rivais tentaram anular a decisão depois de terem perdido o jogo. E o espírito esportivo.

ANGELO – Já vi que perdemos fora de campo nosso nome. Mas como ganhamos o jogo?

NB – Chegamos eu e meus amigos ao Pacaembu às nove da manhã. Na hora em que foram abertas as bilheterias naquele domingo. Entramos no estádio com a abertura dos portões, uma hora depois. Fomos de arquibancada. Até por já estarem esgotadas todas as numeradas. Eu não era sócio do clube. Porque, se fosse, o ingresso era gratuito, já que éramos mandantes do clássico. Os são-paulinos teriam de pagar o deles.

JEF – As autoridades trataram o jogo como guerra. Tinham policiais, militares e agentes do governo Vargas espalhados pelo estádio. No dia do clássico, reportagens de jornais sugeriam (advertiam) que os torcedores se comportassem muito bem por conta do clima criado, que qualquer um que ultrapassasse o que eles consideravam correto "seria reprimido de pronto". Enfim, ali era guerra. Para tanto, setecentos homens foram deslocados para o Pacaembu.

FG – Nem em clássicos violentos dos últimos anos em São Paulo teve tanto policial.

NB – E membros da polícia secreta de Vargas. Ou nem tão secreta assim. Mas certamente polícia.

JEF – O capitão Adalberto Mendes descobriu um jeito de ganhar os aplausos dos são-paulinos. Mais que tudo: dos brasileiros. Colocando em risco sua própria patente e segurança, ele tomou uma enorme bandeira do Brasil do treinador Armando Del Debbio e a deu aos atletas. Era proibida manifestação dessa espécie. Mas ele colocou em cada palmeirense ainda mais o Brasil nas mãos deles.

FG – O que antes era uma enraivecida vaia do Pacaembu são-paulino se transformou em aplausos. Os torcedores de boa paz reconheceram o gesto que alguns intolerantes tiveram de engolir. Aqueles que levaram cartazes chamando os palmeirenses de "traidores que iriam para a cadeia" ficaram quietos. Ou suas vaias de raiva foram abafadas pelos aplausos generalizados.

NB – Oberdan explicou na biografia dele, *Oberdan Cattani – A Muralha Verde*, de Osni Ferrari: "As vaias não eram do futebol. Era ódio. Até hoje ouço aquele barulho cruel. Vaiaram até a bandeira"!

JC – O fato é que começamos a ganhar o Pacaembu e o campeonato ali. Estendemos a bandeira brasileira, hasteando ao mesmo tempo a branca da paz. Melhor: a verde e branca do campeão.

FG – Mas o jogo foi uma pauleira só. Um árbitro mais enérgico que o Jaime Janeiro teria expulsado muito mais gente dos dois times. Ganhamos no pau e na bola. Abrimos o placar aos 20 minutos. Foi uma obra coletiva. O centromédio Og Moreira procurou o centroavante Etchevarrieta, que recuou pro meia-direita Waldemar Fiúme cruzar. A zaga deles rebateu e o Claudio bateu de primeira, cruzado, passando por toda a zaga deles. Gol daquele que viria a ser o maior artilheiro da história alvinegra. Autor do nosso primeiro gol palmeirense.

FG – Gol do Palestra!

NB – Gol do Palmeiras!

JC – Fomos melhores no primeiro tempo. Mas eles não baixaram a guarda depois do nosso gol. Aos 25, nas poucas vezes em que o ponta Pardal superou o half-direito Zezé Procópio, ele cruzou na área, o Leônidas da Silva furou, mas o Waldemar de Brito empatou, batendo no canto esquerdo de Oberdan.

JEF – Éramos melhores. Continuamos assim até o segundo gol, aos 41. O ponta-esquerda Lima cruzou uma falta na área, a zaga rebateu e o Og pegou o rebote, rolando pro Del Nero bater forte como sabia fazer em direção à meta. O Etchevarrieta subiu para tentar o cabeceio e o Virgílio veio na cola. Isso acabou atrapalhando o goleiro Doutor, que a deixou passar depois do desvio.

NB – O segundo tempo foi todo nosso. Aos 15, o Claudio avançou pela direita e cruzou mal. Ainda assim o Og pegou o rebote e também chutou espirrado. Mas a sorte acompanha quem merece. O Etchevarrieta apareceu do outro lado e enfiou a cabeça, deslocando no contrapé o goleiro Doutor.

JEF – Daria para dizer que o jogo acabou ali, não fosse o fato de ele realmente terminar cinco minutos depois, quando o Virgílio cometeu pênalti. Ele deu um carrinho desnecessário no Og. Falta tola e violenta, que o levou finalmente a ser expulso pelo árbitro. E também pelo policiamento, que o conduziu para fora do gramado com algum custo, depois de mais de cinco minutos de confusão.

NB – O delegado Martins Lourenço foi quem o encaminhou para o vestiário. Enquanto isso, o Luizinho Mesquita, ótimo ponta deles, que havia jogado pelo Palestra até 1941, conversava com seus jogadores, todos protestando contra o pênalti e a expulsão de seu zagueiro.

FG – Nessa confusão, Luizinho foi até a entrada do vestiário, onde estavam cartolas são-paulinos. Como capitão do rival, ele acabaria ali recebendo a ordem de não voltar a disputar a partida.

JEF – Eles só não deixaram o gramado porque o policiamento os impediu. Resultado: o São Paulo ficou todo em seu campo de defesa, sem deixar o Palmeiras bater o pênalti. O árbitro esperou o relógio chegar até 45 minutos para terminar o jogo.

JC – *O Estadão* definiu bem na época o que aconteceu no Pacaembu – ou o que não aconteceu mais: "num gesto pouco elegante para os que prezam as tradições de cavalheirismo e disciplina, o São Paulo não quis terminar a partida".

JEF – Outro ótimo livro sobre o assunto é *O Palestra vai à guerra*, do Celso de Campos Jr.. Ele coletou trechos dos jornais do dia seguinte. *O Diário da Noite* escreveu que o ato deles foi "uma chocante desconsideração à assistência". A *Folha da Manhã* considerou "uma atitude desabonadora". Para o *Diário Popular* (que tanto atacava o Palestra), "o público ordeiro foi esbulhado".

NB – O relato de *O Estado de S.Paulo* diz que o árbitro foi bem nas questões técnicas, mas errou na parte disciplinar. Árbitro que foi sorteado horas antes da partida.

FG – Nos 25 minutos em que o São Paulo não quis jogar, ele nada fez. Nem poderia fazer.

JEF – Se nas arquibancadas, graças a Deus, o clima de intolerância não imperou (a não ser nos cartazes infelizes dos não menos infelizes), em campo foi uma batalha. Logo de cara o nosso grande zagueiro Junqueira, rei dos carrinhos e dos cabeceios, a primeira estátua palestrina das alamedas do clube, saiu aos pontapés com Leônidas da Silva. O árbitro nada fez. Como também nada faria quando Zezé Procópio e Pardal se pegaram logo depois.

JC – O nosso Begliomini e o Noronha deles batiam muito. E o jogo seguia solto.

NB – Oberdan foi um colosso na meta, como sempre. Begliomini e Junqueira jogaram como bateram – muito; na linha média, Zezé Procópio não deu espaços, e Del Nero até gol marcou; Og Moreira, nosso Toscanini, regeu a intermediária, e ainda começou o lance do gol de Del Nero; Claudio foi o azougue de sempre, pela ponta direita. Waldemar, o Pai da Bola, jogou como de costume: se não foi o melhor em campo, jamais deixou de estar entre os bambas; Etchevarrieta jogou, apanhou, armou o segundo gol, e fechou o placar (que só não foi maior por ausência de rival).

FG – O gigantesco Villadoniga não jogou o muito que jogava. Não estava 100 por cento fisicamente.

NB – O que dá noção de nossa superioridade. Quando nosso principal armador não joga tudo e ainda vencemos com imensa tranquilidade.

JEF – Um senhor time. E um grande palmeirense: o Garoto de Ouro Lima, que jogou na ponta esquerda! Ele jogava em todas. E mais uma vez jogou muito numa decisão. Um jogador moderníssimo, que atacava, armava, marcava. Um colosso.

ANGELO – O placar final foi 3 a 1?

JC – Sim. Se convertido o pênalti, no mínimo 4 a 1. Com mais 25 minutos, eles com 10, a gente jogando por milhares, quem sabe quanto acabaria?

FG – O fato é que a Federação Paulista puniu o São Paulo pelo abandono de campo com um mês de suspensão. O Tricolor perdeu o jogo que ainda faltava no Campeonato Paulista por conta disso. Os pontos ficaram para o Espanha. Outro que seria obrigado a mudar de nome e se transformaria no Jabaquara. Outro clube vítima da intolerância que ganhava seus pontinhos de alguns intolerantes.

NB – Nossos atletas ganharam 8 contos de réis pela vitória e pelo título. Familiares das vítimas das embarcações brasileiras afundadas pela frota do eixo naquele 1942 receberam a parte da renda que cabia ao Palmeiras. Uma fortuna deixada por mais de 60 mil pagantes no Pacaembu.

ANGELO – Mas o São Paulo realmente queria tomar o Palestra para eles?

NB – Não há documento que comprove isso. Mas gente próxima ao clube rival fez enorme campanha contra o Palestra. A chamada "Palestrafobia".

FG – Ruy Mesquita, que foi diretor de *OEstadão*, falou o que aconteceu naquela época. Ele disse que a cartolagem do Tricolor teria arrumado a confusão no fim do clássico para arranjar um pretexto para acabar com a partida e, depois, tentar reaver os pontos na Federação. Disse ele em depoimento em 2003: "O zagueiro Virgilio foi encarregado [pela direção do clube] de cometer um pênalti."

JEF – Tenho certeza que o médico e maestro Antônio Sergi inspirou-se nesta partida para compor o nosso hino, em 1949. A letra é uma descrição daquela tarde. A "Arrancada Heroica" que, hoje, é uma passarela próxima ao Allianz Parque, o nosso eterno Palestra Itália.

FG – Vitória que é símbolo da resistência além do campo de filhos de italianos, alemães, argentinos, uruguaios, espanhóis, de várias nacionalidades. Mas de um só Palmeiras. Palestra do Brasil!

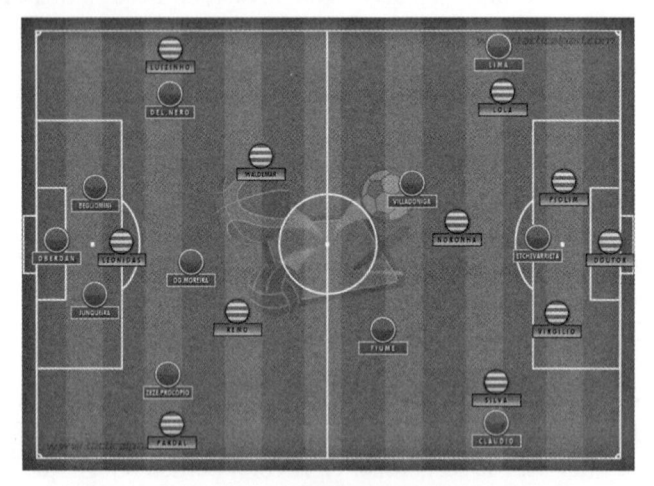

O WM (3-2-2-3) era o esquema que quase todas as equipes adotavam, com o chamado "quadrado mágico"

Santo campeão

Palmeiras 1 x 1 São Paulo
Campeonato Paulista

Data: 28/01/1951
Local: Pacaembu
Renda: Cr$ 889.922,00
Juiz: Alwyn Bradley (Inglaterra)
Gols: Teixerinha 3' e Aquiles 61'
PALMEIRAS: Oberdan; Turcão, Palante e Sarno; Waldemar Fiúme e Luís Villa; Lima, Canhotinho, Aquiles, Jair Rosa Pinto e Rodrigues Tatu
Técnico: Ventura Cambon
SÃO PAULO: Mário; Savério e Mauro; Bauer, Rui e Noronha; Dido, Remo, Friaça, Leopoldo e Teixeirinha
Técnico: Vicente Feola

JOSÉ EZEQUIEL FILJO – Eu acho que é uma das mais belas fotos do Palmeiras. O Jair Rosa Pinto celebrando com garra e todo sujo de lama, com o Oberdan e Nestor ao lado sentados, quase mortos.

JOTA CHRISTIANINI – Gente palmeirense vibrando com mais um título. Que conquista! O Paulistão de 1950 nos deu o direito de disputar como representante estadual na Copa Rio de 1951.

NONNO BEPPE – Quando encerramos a série de cinco conquistas seguidas em menos de um ano. As Cinco Coroas! Começamos a escalada de conquistas em 6 de agosto de 1950, quando vencemos o torneio Cidade de São Paulo, competição que reunia as três melhores equipes do estadual do ano anterior. Empatamos por 2 a 2 com o São Paulo na decisão.

FERNANDO GALUPPO – Logo depois, começou o Campeonato Paulista de 1950. O do Ano Santo da Igreja Católica. Tinha ainda mais interesse por conta disso. Fomos de novo campeões!

JEF – Faltava ganhar as outras três coroas na temporada de 1951. Vencemos o Rio–São Paulo dando show. Metemos 7 a 1 no Flamengo com quatro gols do centroavante Liminha, que era muito rápido. Na última partida, precisávamos golear o Vasco. Fizemos 4 a 1 e fomos para uma melhor de três contra o Corinthians. Não preciso dizer quem foi o melhor, logo nas primeiras duas...

JC – Primeiro jogo, vitória por 3 a 2. Segundo jogo, vitória por 3 a 1 contra um dos melhores times da história deles. Mas sabe como é, né...O Jair fez dois gols na última partida, em 11 de abril de 1951. A equipe estava no ponto. Agora com o Aquiles na meia direita na função do Canhotinho, e o Liminha como centroavante.

FG – A quarta coroa veio com o bi da Taça Cidade de São Paulo. Um show: 6 a 2 no Santos, 3 a 2 no São Paulo, em 27 de maio. Faltava só a quinta coroa. A da Copa Rio. Depois a gente conta.

JEF – Agora é hora de lembrar a segunda conquista das cinco. A do Paulistão de 1950. Vencido em janeiro de 1951. Numa daquelas chuvas típicas da São Paulo da Garoa.

ANGELO – Da São Paulo do Palmeiras!

FG – Havia um tabu quando começou aquele Paulistão: o campeão da Taça Cidade de São Paulo não conquistava o título estadual. Até 1950... O Palmeiras acabou com o tabu ganhando tudo. Vencemos a Taça Cidade de São Paulo em 1950 e fomos bicampeões em 1951.

JEF – Mas a mais deliciosa vitória foi um empate. O 1 a 1 que nos deu, no meio disso, o Paulistão de 1950. O do Ano Santo. Contra o chamado "Clube da Fé".

FG – Foi a nossa fé e o nossos pés que nos fizeram campeões de 1950. Começamos bem o Paulistão. Éramos líderes invictos até uma derrota para a Portuguesa. Perdemos a confiança e, por tabela, alguns pontos. O título paulista parecia perdido quando perdemos do Santos, no Pacaembu, por 4 a 2. Precisávamos vencer tudo até o final para tirar a diferença para o São Paulo, que buscava

Enlameados e campeões no Jogo da Lama no Pacaembu. O empate por 1 a 1 com o São Paulo garantiu o título estadual e um lugar na Copa Rio de 1951

o primeiro tri estadual deles. O que não deixamos em 1947, com "a defesa que ninguém passa" treinada pelo jovem Oswaldo Brandão. O que também não deixaríamos em 1950.

NB – Vencemos quatro dos cinco jogos depois da derrota para o Santos. O São Paulo perdeu dois e chegamos ao jogo decisivo precisando do empate. Eles tinham cinco pontos a mais faltando cinco jogos! O milagre do Ano Santo era nosso.

FG – Na partida decisiva, em 28 de janeiro de 1951, conquistamos a segunda das cinco coroas no famoso "Jogo da Lama". Choveu demais no Pacaembu. O que parecia ainda mais temerário para escalar Jair Rosa Pinto, que não vivia grande momento técnico. Tanto que ficara afastado da equipe. Ele era muito criticado por não ser o mesmo em partidas decisivas. Por não se esforçar tanto em momentos difíceis das equipes onde jogou. Onde brilhou e foi campeão. Era um absurdo achar que um craque como o Jair fugia do pau!

JEF – Atuamos com o melhor time de 1950-51. Oberdan na meta; Turcão, Sarno, Fiúme e Palante eram nossos homens na retaguarda. Luiz Villa era o centromédio. Que categoria desse argentino!

NB – Lima, o Garoto de Ouro, que jogava em todas, e muito bem, era nosso ponta-direita. Canhotinho foi o meia direita. O impetuoso Aquiles jogou de centroavante, com a ala esquerda com o cerebral Jair na armação, e o excelente ponta-esquerda Rodrigues, que fora reserva do Chico na Copa de 1950.

JC – O empate era nosso. E já era com 3 minutos de jogo... 1 a 0 para eles. Gol de Teixeirinha, o ponta-esquerda. Recebeu de Friaça uma bola que chutaria em direção à nossa meta. Ela bateu no Turcão e acabou tirando o Oberdan da jogada.

NB – Não jogamos bem. O gol logo de cara pesou. Eles tinham um senhor time. Remo, o armador deles, jogou muito. Rui, Bauer e Noronha, a famosa linha média do "Tricolor do Canindé" era de seleção. Eles jogaram melhor. Mereceram a vantagem no primeiro tempo. Mas, na segunda etapa, o Pacaembu viu aquela transformação que desde 1940 se vê no estádio. Ali é o estádio municipal e público mais privado que conheço. É nossa casa.

JC – Desde 1942, os segundos tempos dos tricolores no Pacaembu não são tão completos... Sei lá, eles ficam meio perdidos. Parecem fora de campo, de órbita.

NB – Quem estava no gramado com todo espírito era Jair. Quer dizer, ele estava feliz como porco na lama. Na época não era nosso espírito, apelido ou mascote. Mas já tínhamos espírito de porco! Jair recebeu de Rodrigues e foi avançando até achar Aquiles. Outro que tinha, com o perdão da expressão, todos os tendões de Aquiles. Tudo machucava ou se quebrava com ele. Mas nada disso o impedia de vencer rivais. E empatar o clássico, aos 16 do segundo tempo.

JEF – Eles tiveram um lance de gol anulado no final do jogo. Até hoje reclamam do árbitro, o inglês Alwyn Bradley. O "Signore Bradelli!", por que ele e o bandeirinha Richard Eason teriam errado ao assinalar impedimento em lance que Teixeirinha superou Turcão e fez um gol com a jogada já parada.

FG – O saudoso e querido Turcão dizia que a posição do Teixeirinha "era discutível"... E caía na risada. Bradley ou Bradelli, era um lance menos difícil que o gol "com a mão" (sic) que o Armando Marques anulou do Leivinha, vinte anos depois, no Morumbi, na decisão do Paulistão de 1971.

JEF – Erros acontecem. O jornal *O Estado de S.Paulo* de 30 de janeiro de 1951 disse que a atuação da arbitragem foi "normal". E se o *Estadão* da época dizia que o São Paulo não fora prejudicado pela arbitragem é que ela tinha sido mais perfeita que a Sofia Loren por aqueles dias!

NB – Éramos campeões do Ano Santo de 1950. Na nossa sagrada temporada de 1951.

Ainda no WM, mas com mais variantes táticas que deixavam o quadrado no meio, muitas vezes, mais parecido com um losango

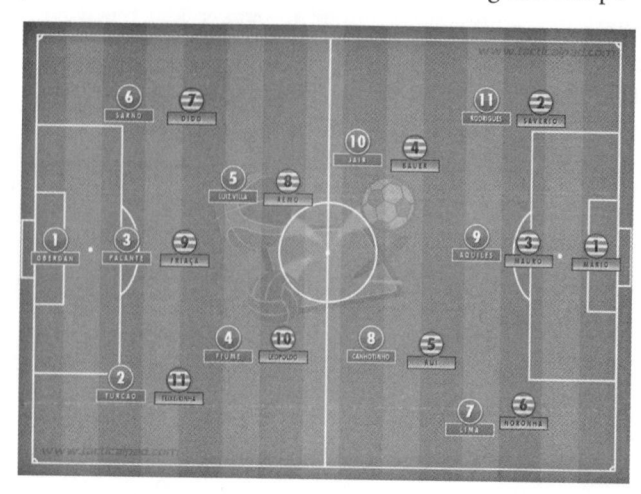

O nosso mundo

Palmeiras 2 x 2 Juventus – ITA
Torneio Internacional de Clubes Campeões – Copa Rio

Data: 22/07/1951
Local: Maracanã
Renda: Cr$ 2.783.190,00
Público: 100.093
Juiz: Gaby Tordjan (França)
Gols: Praest 18', Rodrigues 47', Karl Hansen 63' e Liminha 77'
PALMEIRAS: Fábio Crippa; Salvador e Juvenal; Túlio, Luiz Villa e Dema; Lima, Ponce de Leon (Canhotinho), Liminha, Jair Rosa Pinto e Rodrigues Tatu
Técnico: Ventura Cambon
JUVENTUS: Viola; Bertucceli e Manente; Mari, Parola e Bisotto; Muccinelli, Karl Hansen, Boniperti, Johan Hansen e Praest
Técnico: Caver

NONNO BEPPE – O Maracanã não gritava "Palmeiras". Berrava "Brasil!" O clube dos "italianinhos de São Paulo" foi campeão de um torneio intercontinental um ano e uma semana depois do Maracanazo na Copa de 1950 – aquela derrota inacreditável para a seleção uruguaia.

JOSÉ EZEQUIEL FILHO – O Palestra Itália que fora obrigado nove anos antes a mudar de nome por supostamente ser dirigido por "traidores da pátria" defendeu o Brasil como nenhum outro clube antes. Aliás, desde 1951 não houve maior torcida do brasileiro por uma equipe. Na decisão da Copa Rio, o Palmeiras foi o clube mais brasileiro. Por quem o torcedor mais vibrou em qualquer competição internacional em todos os tempos.

ANGELO – Somos campeões do mundo? Os primeiros vencedores brasileiros de um Mundial?

FERNANDO GALUPPO – Uma coisa ninguém tira do campeão da Copa Rio de 1951: nunca um time teve a torcida de quase todo o Brasil como o Palmeiras contra a Juventus de Turim. Foram 116 mil brasileiros órfãos do Maracanazo. "O Palmeiras foi Brasil" – como amam dizer nossos narradores. Naquela tarde, como em nenhuma outra, nós fomos! Embora, depois a gente conta, o clube também tenha sido a própria seleção na inauguração do Mineirão, em 1965. Só o Santos foi algo parecido em 1962-63, mas em outro tempo, num outro torneio. Dificilmente outro time será o que representou o Palmeiras para o Brasil de bola em 1951.

NB – Todo palmeirense tem o dever palestrino de dizer que somos campeões mundiais. Mas os rivais podem discutir, como tudo se debate no futebol. Uma coisa, porém, ninguém nega. Foi um torneio muito importante, bem disputado, com grandes clubes, e com a chancela da Fifa, que ajudou a organizar. É sempre difícil comparar épocas. Essa mania de medir com a régua de hoje medidas e fatos de ontem. Mas eu que estive lá no Maracanã, com outros quase 40 mil paulistas (e não apenas palmeirenses), sei que foi uma festa nacional. Como a volta a São Paulo.

JOTA CHRISTIANINI – A Federação Paulista emitiu comunicado, em nome de todos os clubes, conclamando o torcedor paulista a recepcionar a delegação palmeirense, que veio do Rio no trem Santa Cruz até a chegada na Estação Roosevelt, na região central, na noite de terça-feira. O trem só não chegou antes na capital por ter parado em várias cidades pelo caminho.

NB – Depois de mais solenidades no desembarque, foram mais de três horas da Estação Roosevelt até o Palestra Itália, na Água Branca. Carros, caminhões, ônibus, até charretes. Todos fizeram questão de ver os campeões que fizeram o cortejo em carros particulares. Jair Rosa Pinto foi o mais ovacionado. Todos foram muito cumprimentados, inclusive por dirigentes dos outros clubes paulistas.

JEF – Dizem que um milhão de pessoas foram às ruas receber os campeões da Copa Rio, como manchetou *A Gazeta Esportiva* de 25 de julho. Os campeões do mundo. Não sei se foi tudo isso. Mas sabemos que tamanha paixão não se mede. Como tamanha conquista não se discute. O maior Rio do mundo foi o de Janeiro em 1951. O nosso mundo palmeirense.

ANGELO – Mas você acha realmente que o Palmeiras foi campeão do mundo?

NB – O meu time sempre vai ser o maior do mundo. Não precisa de título para reconhecer isso. Entendo quem discute a Copa Rio de 1951. Ainda mais quem não a disputou.

JEF – Como campeão paulista de 1950, o Palmeiras se classificou para ser o representante estadual na Copa Rio de 1951. Onde conquistamos a quinta coroa, em 22 de julho. Em menos de um ano.

NB – Como não havia uma disputa nacional, os organizadores da Copa Rio convidaram os campeões estaduais de 1950 do Rio e São Paulo: Vasco e Palmeiras.

ANGELO – Como foi a Copa Rio de 1951? Quem eram os participantes?

NB – Por iniciativa da CBD, com a chancela de representantes da Fifa, o formato original foi idealizado para ter dezesseis clubes: na sede no Rio de Janeiro, no Maracanã, jogariam Vasco (campeão do Rio em 1950), Sporting (tetracampeão português de 1951 a 1954), Nacional (campeão do Uruguai de 1950, então país campeão mundial) e Olympique de Nice (campeão francês, que seria bi na temporada seguinte).

FG – No Grupo II estariam o campeão paulista de 1950 (Palmeiras), o campeão italiano (Milan), o campeão inglês Tottenham (que não veio) e o campeão iugoslavo Estrela Vermelha.

NB – Haveria jogos em Porto Alegre e Curitiba no Grupo III. Mas problemas econômicos e políticos fizeram muitos clubes e países desistirem. Como foi na Copa de 1950, quando só 13 seleções participaram. A Juventus, campeã italiana em 1950 e 1952, terceira colocada em 1951, acabou entrando no lugar do Milan. O Áustria Viena, bicampeão nacional em 1949 e 1950, foi convidado e aceitou. Dois grupos acabaram sendo formados: no Rio, Vasco e Áustria Viena se classificaram. Nacional de Montevidéu e Sporting de Lisboa foram eliminados.

FG – O Grupo B, disputado no Pacaembu, foi o mais difícil. Além do Palmeiras, Juventus de Turim, Estrela Vermelha de Belgrado (base da ótima seleção iugoslava eliminada pelo Brasil na Copa-50) e Olympique de Nice. Só pedreira.

NB – Estreamos em 30 de junho. Imperial lá na meta estava o nosso Oberdan; Salvador e Juvenal; a linha média Waldemar Fiúme, Luiz Villa e Dema garantia lá atrás que o Olympique do brasileiro Yeso Amalfi não nos fizesse mal. E não fez. No segundo tempo, Aquiles (de pênalti), Ponce de Leon (um bom meia-direita) e o atacante reserva Richard fizeram o que se chamava de "placar clássico": 3 a 0.

JEC – Nunca entendi a origem dessa expressão "placar clássico" para 3 a 0. Mas para o Palmeiras a palavra sempre cai bem.

NB – Em 5 de julho voltamos a campo. O Estrela Vermelha saiu na frente.

O Aquiles empatou no primeiro tempo. Faltavam 10 minutos e o Liminha garantiu a virada, a vitória e a classificação.

FG – No domingo, 8 de julho, o treinador Ventura Cambon resolveu poupar gente para a semifinal: ficaram de fora o zagueiro Juvenal (que jogou a Copa de 1950), o excelente centromédio argentino Luiz Villa e o Jair (que começou no banco). Resultado: jogamos mal, e perdemos por 4 a 0 para a Juve!

NB – O Oberdan até defendeu um pênalti. Mas levou um outro gol esquisito. Resultado: o Jair e o treinador conversaram com os dirigentes e resolveram tirá-lo do time. Não sei se era o caso...

JEF – Ele ficou um bicho ainda mais bravo que já é. Não sem razão e com muita emoção. Mas grande palmeirense que é, o Oberdan foi ao Rio com a delegação só para treinar o reserva – e amigo até a morte: o grande goleiro Fábio Crippa. Grande figura!

FG – O primeiro reserva do Oberdan era o Inocêncio. Mas ele teve uma dor intestinal e acabou cedendo o lugar para o Fábio, que estreou direto na semifinal da Copa Rio.

NB – Por causa da derrota para a Juve, o Palmeiras ficou em segundo no grupo e teve de ir ao Rio enfrentar o Vasco, que tinha sete remanescentes da Copa de 1950 (e mais o Tesourinha, que só não jogou o Mundial por lesão). O torneio tinha tudo para ser decidido pelo Vasco, no Rio. Até por ter vencido os três jogos da primeira fase. Dois por 5 a 1.

JC – Só esqueceram uma coisa: avisar a gente...

NB – No primeiro jogo no Maracanã, o Fábio fechou o gol. O Richard abriu o placar para a gente. Eles empataram e, no fim, o Liminha desempatou: 2 a 1 Palmeiras.

JEC – Mas perdemos o Aquiles, que fraturou dois ossos da perna num lance com o Barbosa, grande goleiro deles. O Aquiles foi um de nossos mais raçudos atacantes. Ficou parado sete meses depois desse jogo. Voltaria depois, mas, de tanto se quebrar, teve de parar de jogar aos 25 anos.

NB – Não ficamos apenas sem Aquiles durante o primeiro jogo. Ficamos órfãos do pai da bola Waldemar Fiúme. Lesionado, ele foi substituído pelo Túlio, que entrou muito bem, diga-se. Assim como o próprio Fiúme e o Lima, o Túlio era muito versátil. Um jogador moderno (diríamos hoje).

FG – O Waldemar era mais um desfalque severo para o segundo jogo, também no Maracanã. Mas, nesse dia, Fábio Crippa honrou a tradição da Academia de goleiros palmeirenses. Dizia o saudoso Joelmir Beting: "Naquele domingo o Vasco ficou 90 minutos jogando entre o Fábio e a linha fatal." E a bola não entrou. O empate sem gols nos deu a vaga à final. E uma apendicite ao então jovem Joelmir, que ouviu o jogo no rádio de um caminhão em Tambaú, interior paulista.

NB – Foi um 15 de julho. Véspera de um ano do Maracanazo. O que nos levou ao primeiro jogo da decisão contra a forte Juventus. A linha ofensiva italiana tinha o futuro presidente de honra do clube (Boniperti), os pontas Muccinelli e Praest, e os meias Karl e Johan Hansen. Itálianos e dinamarqueses que jogavam muito. Fora o goleiro Viola. Sempre tem um Viola em nossa história.

JEF – Primeiro jogo da final no Maracanã com mais de 70 mil pessoas. Jogo duro, marcado, tenso. Gol do Rodrigues aos 20 minutos. Suportamos a pressão e vencemos por 1 a 0, com grande atuação do nosso zagueiro Juvenal, remanescente da Copa de 1950.

NB – Na decisão, no domingo, 22 de julho, mais de 2 milhões e 700 mil cruzeiros nas bilheterias. O Palmeiras jogando pelo Brasil. E querendo usar a camisa branca da CBD. A Fifa proibiu. A solução patriótica e respeitosa foi bordar a bandeira brasileira junto ao nosso símbolo.

JEF –Não apenas por isso tivemos a torcida do Maracanã. Realmente era preciso acabar com o bode do Maracanazo. Era preciso o Brasil ganhar o primeiro título intercontinental de sua história.

NB – O Ventura Cambon repetiu o time: Fábio na meta; Salvador e Juvenal numa defesa sólida, com Túlio e Dema corretos pelos lados e Luiz Villa comandando a intermediária. Lima e Rodrigues seguiam pelas pontas. Liminha era o comandante de ataque, muito rápido, ousado. Ponce de León e Jair eram os armadores.

JC – Mesmo com a derrota no primeiro jogo, a Juve pintava como favorita. Ou se achava como tal. Era o que parecia no início do jogo. Talvez tenha sido a pior exibição do Palmeiras na fase decisiva.

NB – O Ponce de León deve ter sentido o desgaste do torneio. Jogou um mau primeiro tempo. Como toda a equipe. Aos 18 minutos saiu o gol da Juve. O Praest, o ponta-esquerda, recebeu bola de Karl Hansen e bateu um tiro defensável para Fábio, na desatenção de Juvenal.

FG – Mesmo com a torcida nos apoiando bastante, a Juve era muito boa. E sabia jogar no contragolpe.

JEF – O Viola fez uma defesa sensacional numa pancada do Rodrigues, pouco antes do gol. O Jair bateu mal logo depois uma falta na entrada da área (ele que era um mestre também nos tiros livres). Mas os times na época jogavam muito no mano a mano. Ninguém gostava de (ou sabia) administrar um resultado.

NB – Já vi esse filme em algumas derrotas... Mas o time das Cinco Coroas não sabia o que era isso.

JC – Quase levamos outro gol numa bobeada do Juvenal e do Fábio, aos 25. O Jair mais cavava faltas que jogava. O Rodrigues era a melhor opção. O time estava nervoso com o árbitro francês, que nada fez quando Praest deu um pontapé em Dema.

NB – Mesmo jogando menos que nos outros jogos, o Palmeiras só não tinha empatado por causa do goleiro Viola e do nervosismo da equipe para concluir.

JEF – Mas o nosso argentino Luiz Villa também pegou pesado – como sempre. Deu uma joelhada nas costas de Karl Hansen e o árbitro nada fez.

NB – O Palmeiras saiu de campo nervoso para o vestiário. Mas o treinador foi muito bem na volta. Sacou o Ponce de León e apostou no ponta-esquerda Canhotinho, que também sabia atuar como meia pela direita. Logo na primeira jogada arrumou um lance e deu mais dinâmica ao time.

JC – Impressionante como o Canhotinho jogou! Por que o próprio treinador dissera que ele não dormira bem e não estava 100 por cento fisicamente.

NB – Na primeira bola, o Canhotinho sofreu falta. Na segunda, serviu o Lima para bater por sobre a meta. Na terceira, participou do lance do empate!

FG – Aos 2 minutos, ele tocou a bola pro Lima chutar na trave e, no rebote, o Rodrigues empatar.

ANGELO – Você não morria de medo, Nonno?

NB – Netinho, não era fácil enfrentar a escola europeia. Não era como hoje, quando você vê pela internet como o goleiro de Vanuatu bate o tiro de meta. Os jogadores mal se conheciam. Era mais fácil surpreender. Mas eu estava confiante. Depois do empate, do meio pra frente estávamos bem.

JEF – Lá atrás seguíamos nervosos e meio desorganizados. Tanto que levamos outro gol besta. Aos 9 minutos, o Muccinelli chutou, o Fábio não conseguiu segurar, e o Karl Hansen desempatou.

NB – Entramos em parafuso. O Fábio estava muito nervoso, a zaga não ajudava, e a equipe se irritava com o toque de bola italiano.

FG – O Jair teve outra falta aos 25. Mas isolou. Quando o Palmeiras acertava o gol, o Viola acertava mais nas defesas. Não faltava vontade e movimentação.

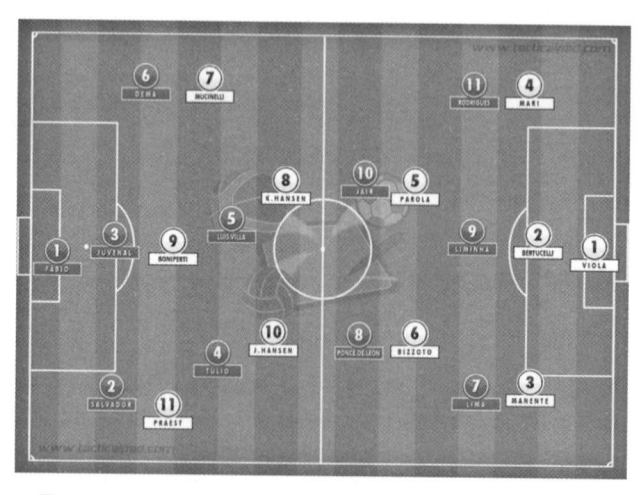

Era raro encontrar times europeus na época. Mais ainda vencê-los. O Palmeiras conseguiu contra um time muito bom no contra-ataque

Estava faltando mais tranquilidade e capricho de um time que jogava muito mais que aquilo. Até o Luiz Villa chegava à frente e quase empatou, num balaço de fora de área que raspou o travessão.

NB – Aos 29 minutos, caiu mais um jogador da Juve no gramado fazendo cera. E quase caiu um avião da VASP também. Lembrei o fato ouvindo a narração do Oduvaldo Cozzi na Rádio Continental, que meu amigo Gustavo Roman me arranjou. O narrador disse que era um absurdo a pouca distância do avião pra marquise do Maracanã. Dá para ouvir o barulho do avião na narração!

ANGELO – Parecia prenúncio de um Maracanazo Parte II...

NB – Não foi, Angelo. Ali era Palmeiras. E você sabe que gosto dessas coisas sem explicação. Ainda mais por isso sou Palmeiras, a mais perfeita explicação para a perfeição. E também para a imperfeição humana.

ANGELO – Não filosofa, Nonno...

NB – Então, ouvindo a transmissão do Cozzi, tem uma hora logo depois que um repórter o chama lá no Jóquei Clube para dar o resultado do sexto páreo. Sabe quem ganhou? Sabe qual o cavalo que venceu o páreo pouco antes do nosso empate?

ANGELO – Ademir da Guia? Edmundo, o Animal?

NB – Não. Quem ganhou um pouco antes o páreo foi o Matador. O nome do cavalo: Matador!

ANGELO – Como o Evair, nosso Matador que nos daria a vida em 1993! Você sempre diz isso, Nonno. Agora eu gostei! Você forçou um pouco a barra, mas está valendo.

NB – Algumas coisas não têm explicação, Angelo. Futebol é uma delas. Palmeiras, ainda mais. Parecia que não era aquela tarde para ganhar. Mas, sei lá? Quem sabe é o Palmeiras.

JC – Logo depois, a bola cruzou toda a área num cruzamento de Rodrigues e ninguém apareceu. Faltavam 15 minutos. Pareciam 15 segundos. Parece que foi há 15 dias.

NB – Eu sempre acreditei no Palmeiras. Nunca saí de um jogo antes do final. Também por isso não vaio nossos jogadores durante o jogo. Depois, é outra história. Mas, bola rolando, é preciso acreditar.

JEF – E foi assim o gol de Liminha. Ele acreditou. O Túlio começou pela direita, virou o lance para o Rodrigues, que tocou por dentro pro Liminha. Até hoje não sei como ele entrou com bola e tudo dentro da meta do Viola. Foi uma confusão. O Liminha foi limpando a área até se agarrar (e ser agarrado) dentro da rede: 2 a 2!

JC – Sei que ele passou pelo Mari e chutou. O Viola espalmou.

FG – O rebote ficou pro Canhotinho que tocou por baixo do goleiro juventino. Mas ela não entraria.

JEF – Não fosse o Liminha chegar junto à trave direita, dominá-la e quase arrastá-la para dentro, sendo chutado pelo Mari.

NB – Eram 32 minutos quando o Liminha empatou no peito e na raça. Ele, Lima e Canhotinho celebraram o gol dentro da meta italiana. Logo depois, o Maracanã inteiro gritou "Brasil, Brasil!"

ANGELO – Vocês não gritavam "Palmeiras"?

NB – Claro que sim. Mas era diferente de hoje. Também no respeito entre torcedores de outros times. Era outro tipo de festa, de celebração, de comportamento dentro do estádio.

JC – O Canhotinho continuou demais. Ele obrigou o Viola a fazer a terceira grande defesa e, depois, quase saiu no tapa com o Parola.

NB – Mesmo sem jogar uma grande partida, o Palmeiras só não venceu (ou goleou) por conta do Viola. Pelas minhas contas foram quatro grandes defesas.

JEF – Fora o gol perdido pelo Jair dentro da área depois do passe açucarado do Rodrigues...

NB – Lembro! Eram uns 40 minutos do segundo tempo. Mas, então, tinha virado tudo. Até o astral.

FG – Foi uma conquista merecida. Terminamos invictos a fase final. Ganhamos de duas máquinas como Vasco e Juventus. E tínhamos o craque Jair Rosa Pinto.

NB – Até hoje o Oberdan não perdoa o Jair por ter forçado a saída dele do time na Copa Rio. Mas o próprio goleiro admite que, não fosse o Jajá da Barra Mansa, o Palmeiras não teria vencido as Cinco Coroas.

JEF – Na festa que o Palmeiras ofereceu aos seus heróis, cinquenta anos depois da conquista, Jair nos emocionou mais uma vez: "Quando o Brasil perdeu a Copa para o Uruguai, exatamente um ano antes, no mesmo estádio, todos os jogadores foram crucificados. Uns mais outros menos, mas todos pagaram um alto preço por aquela derrota. Deus me ajudou e, logo em 1951, tive a chance de ser o que não tinha sido em 1950: Campeão do Mundo. Muito obrigado, Palmeiras."

NB – Foi o primeiro título intercontinental brasileiro. Foi lindo como nossa volta olímpica. O elenco todo pegou uma gigantesca bandeira brasileira e passeou pelo gramado do Maracanã. O que era uma festa esportiva virou algo além. Não gosto muito quando trocamos as bolas nessas coisas.

JC – Veja só. O time dos italianinhos...

NB – Pois é. Não foi uma resposta do Palestra para o Brasil. Foi uma afirmação de que não se pode colocar em dúvida o gosto e gesto de uma gente. Menos ainda a qualidade de um campeão como o Palmeiras. Se do Rio ou de todo mundo, pouco importa. O que importou demais é que nenhum outro torneio internacional foi tão celebrado pelo brasileiro como o de 1951.

A grande derrota

Palmeiras 6 x 7 Santos
Torneio Rio–São Paulo

Data: 06/03/1958
Local: Pacaembu
Renda: CR$ 1.676.995,00
Público: 43.088
Juiz: João Etzel Filho
Gols: Urias 18', Pelé 21', Pagão 25', Nardo 26', Dorval 32', Pepe 38', Pagão 46', (1º tempo), Paulinho 61', Mazola 64' e 72', Urias 79', Pepe 83' e 86'
PALMEIRAS: Edgar (Vitor); Edson, Carabina e Dema; Waldemar Fiúme e Formiga (Maurinho); Paulinho, Nardo (Caraballo), Mazola, Ivan e Urias
Técnico: Osvaldo Brandão
SANTOS: Manga; Fioti, Hélvio e Dalmo; Zito e Ramiro (Urubatão); Dorval, Jair Rosa Pinto, Pagão (Afonsinho), Pelé e Pepe
Técnico: Lula

ANGELO – Você quase morreu do coração em algum jogo do Palmeiras, Nonno?

NONNO BEPPE – O Palmeiras não me mata, meu neto. Ele me vive!

JOTA CHRISTIANINI – Eu já quase morri de todas as partes da anatomia pelo Palmeiras. Mas jamais pelo cotovelo! Mas teve gente que morreu em campo, no Pacaembu. Uns dizem que foi apenas uma vítima do coração. Tem quem garanta cinco mortes. Só sei que foi de perder mesmo as contas. Foi uma partida pelo Torneio Rio–São Paulo, em 6 de março de 1958.

FERNANDO GALUPPO – "Espetáculo pirotécnico de gols" foi a manchete de *A Gazeta Esportiva*.

JOSÉ EZEQUIEL FILHO – O maior número de gols da história do futebol brasileiro. Treze gols! E não é goleada. Quando me perguntam sobre esse clássico, digo: Empate! Foi um jogo único... Perdemos por 5 a 2 o primeiro tempo e ganhamos o segundo por 4 a 2.

NB – Que outro time no mundo se orgulha de uma derrota? Nós. Ganhamos tantos jogos e canecos que nos orgulhamos até de nossas derrotas.

JC – Enquanto tem time que tem vergonha de certos títulos...

ANGELO – Nós também, né?

NB – Sim. Algumas vezes ganhamos com ajuda da arbitragem.

FG – Mas não tem sempre maracutaia no futebol e na vida. A maioria das partidas são decididas em campo. Pelos atletas. Por vezes pelos treinadores.

NB – Mas não deve acontecer um outro jogo como Palmeiras 6 x 7 Santos. Perdemos a partida. Mas ganhamos, mais uma vez, um lugar na história.

JEF – Só não ganhamos ainda mais pela jornada inglória de nossos dois goleiros. Edgar e Vítor.

JC – Começamos muito bem aquele Rio–São Paulo em 1958, com vitórias sobre Fluminense (2 a 1) e Vasco (4 a 2). Nessa partida, atuação magistral do Mazola, o grande craque dessa virada. Foi o jogo que o levou à seleção e ao título mundial de 1958. A equipe estava se reestruturando.

JEF – Vivíamos bom momento, embora não fôssemos favoritos. Uma certeza a gente tinha: o Palmeiras tinha um artilheiro magnífico depois do Humberto Tozzi: Mazola. O nosso José Altafini.

NB – Era o nome do time em 1958. Naquele início de temporada, marcou onze gols em cinco jogos. O problema, porém, era nosso sistema defensivo. Naquele mês de março, além do 6 a 7, perderíamos depois por 5 a 2 para o São Paulo e por 6 a 2 para o Flamengo.

JEF – Só não conquistaríamos o Paulistão de 1958 porque o Santos estava impossível. Pelé já era Pelé, campeão do mundo. Não tinha como parar aquele time.

NB – Tinha sim! Por que havia Palmeiras em campo. Um supercampeão. Em 1959. Depois eu conto!

ANGELO – Conta do 7 a 6 para eles, Nonno!

NB – Abrimos o placar com Urias, nosso ponta-esquerda. Ele fez 1 a 0, aos 18 minutos, depois de um cruzamento do Paulinho. Quatro minutos depois, de fora da área, Pelé empatou. O Pagão, um craque, virou aos 25 minutos, também de fora da área, de canhota, depois de cruzamento do Dorval. A bola era defensável.

FG – Não deu um minuto e empatamos o jogo, aos 26. Nardo, nosso meia-direita. Também de canhota, dentro da área. Pena que não era uma noite de nossos goleiros. O Edgard largou um chute do Pepe nos pés do Dorval, que limpou o lance e fez 3 a 2, aos 33 minutos.

NB – O Pepe fez 4 a 2, aos 39, em jogada de Pelé pela direita. Nossa zaga bobeou, o Pagão quase fez, mas o gol sobrou mesmo para o Pepe. O quinto gol foi outra cortesia nossa. O Edgard largou um chute do Jair Rosa Pinto, nosso comandante nas Cinco Coroas. O Pagão pegou o rebote e fez cinco a dois, aos 44 do primeiro tempo.

JC – Foi um jogaço. Atuamos bem. O Santos foi realmente melhor. Mas não tanto para marcar cinco gols. Doamos dois gols em falhas do Edgard. Era preciso mudar.

NB – Diferentemente dos torneios estaduais, o Rio–São Paulo permitia alterações nas equipes. Nosso treinador, Oswaldo Brandão, colocou o Vítor no lugar do Edgard na nossa meta. O titular pediu para sair. Ele sabia que estava mal. Mas o que realmente mudou foi nosso objetivo. Comandados pelo Mazola, nos atiramos ao ataque. Surpreendendo o Santos e o Pacaembu. O grande Zito, volante deles, disse em entrevista anos depois para a TV Globo que chegou ao vestiário, no intervalo, pedindo para o Santos continuar daquele jeito para ampliar a goleada histórica. Mas as duas equipes acabaram entrando para a história de vez no segundo tempo.

JEF – Ganhamos um pênalti do João Etzel, aos 15 do segundo tempo. Caraballo, que havia acabado de entrar no lugar do Ivan, foi, digamos, derrubado pelo Hélvio. Paulinho bateu e fez nosso terceiro gol. Para mim, gol legalíssimo! Sempre!

NB – Aos 19 minutos, Paulinho serviu Mazola que fuzilou o goleiro Manga. Que jogo! Era o nosso quarto gol! Honestamente, não lembro do gol de empate. E nem de outro jogo empatado por 5 a 5. Ainda estava celebrando o quarto gol quando ouvi o Pacaembu estremecer.

JC – O Mazola empatou aos 21 minutos, de cabeça, depois de cobrança de escanteio da direita. Sozinho, cabeceou sem precisar tirar o pé do chão. Teve gente que não viu mais nada. Eu, porém, poucas vezes vi um time buscar o placar como nós. Como o Mazola, que fez toda a jogada para o gol de Urias, que completou um centro da direita de nosso artilheiro.

NB – Eram 35 minutos do segundo tempo. 6 a 5 para o Palmeiras. Se havíamos tomado cinco gols em 45 minutos, agora havíamos feito quatro em menos de 20 minutos. A virada da virada era nossa. Não tinha mais erro.

FG – Tinha...

NB – Aos 40 minutos, de cabeça, em uma bola defensável, o Pepe empatou, depois de cruzamento de Dorval. Gol do Pepe de cabeça! Quando mais?

FG – E tinha mais...

NB – Aos 42 minutos, Dorval avançou pela direita e tocou pra Pelé. Ele achou Pepe livre para chutar e o Vítor aceitar. 7 a 6!

JC – O Rio–São Paulo era o único torneio na época que permitia substituições. Logo, os reservas nem sempre tinham ritmo de jogo. O Vítor era jovem. Acabou tomando um dos únicos gols de cabeça do Pepe em toda carreira.

JEF– A imprensa, na época, preferia enxergar só os defeitos das duas equipes e da partida.

NB – Só na época?

JC – Pois é... De fato, além de nossos goleiros, as duas defesas não foram bem. Mesmo com grandes jogadores. Só do nosso lado, estavam o veterano Pai da Bola, o eterno Waldemar Fiúme, e o jovem Valdemar Carabina, futuro capitão da primeira Academia.

O "espetáculo pirotécnico" do Pacaembu ainda é o maior show de gols da história do futebol brasileiro. Com as duas equipes que dominaram o esporte paulista na Era de Ouro da seleção

NB – Em um 7 a 6 claro que existem muitas falhas defensivas. Mas os méritos ofensivos de equipes que contam com Mazola e Pelé jamais podem ser negados. Não por acaso, campeões mundiais pelo Brasil em junho daquele mesmo 1958.

JEF – Foi mesmo um "dilúvio de tentos no prélio", como escreveu o *Estadão*. Mas aquele tsunami todo também se devia aos ataques.

NB – Claro. Não fossem eles, o clássico não teria feito a história que fez.

FG – Não teria sido "uma orgia de gols a contenda", como escreveu o mesmo jornal. Tanto foi um espetáculo que o Palmeiras pagou o bicho de vitória para os atletas.

NB – Não se viu mais nada igual. No Pacaembu e em lugar algum. Mas se existem duas equipes no Brasil que tinham como fazer aquele jogo éramos nós e eles. O time do Pelé.

JEF – Que só não ganhou tudo porque havia um Palmeiras. Como haveria um ano depois no Campeonato Paulista. No Superpaulistão. Com um imenso campeão.

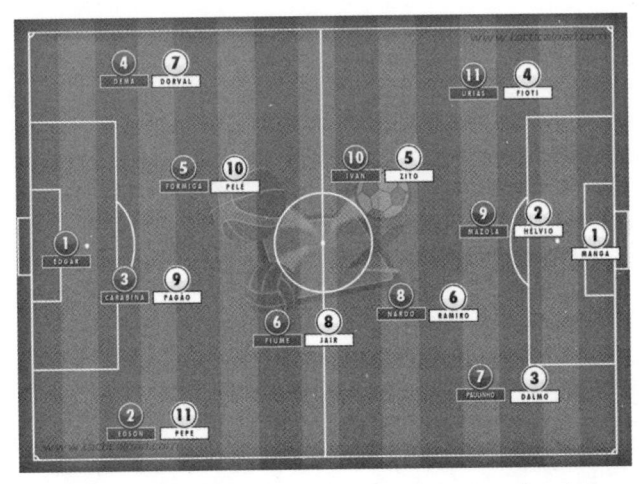

O WM (3-2-2-3) começava a virar o 4-2-4 que seria a base do bi mundial brasileiro, em 1958 e 1962. Os times ainda muito abertos em campo

O supercampeão

Palmeiras 2 x 1 Santos
Campeonato Paulista

Data: 10/01/1960
Local: Pacaembu
Renda: Cr$ 3.076.375,00
Juiz: Anacleto Pietrobon
Gols: Pelé 14', Julinho 42' e Romeiro 48'
PALMEIRAS: Valdir; Djalma Santos, Carabina e Geraldo Scotto; Zequinha e Aldemar; Julinho, Nardo, Américo, Chinesinho e Romeiro
Técnico: Oswaldo Brandão
SANTOS: Laércio; Getúlio, Urubatão e Dalmo; Zito e Formiga; Dorval, Jair Rosa Pinto, Pagão, Pelé e Pepe
Técnico: Lula

ANGELO – Por que foi um "supercampeonato" o Paulista de 1969, Nonno?

NONNO BEPPE – Porque foi preciso uma melhor de três jogos no Pacaembu, em janeiro de 1960, para definir o campeão estadual. As duas equipes terminaram empatadas com 63 pontos ganhos depois dos dois turnos. O Santos era fantástico. Só não era perfeito por que não era Palmeiras.

JOSÉ EZEQUIEL FILHO – O Santos tinha aquela linha fantástica que fizera 143 gols no Paulistão de 1958. Em 1959, os caras marcaram 151! Mas tínhamos a melhor defesa do campeonato. E, para honrar nosso Hino composto anos antes pelo maestro Totó, também tínhamos uma linha atacante de raça. Só que o Palmeiras não é só raça. Muitos times têm a mesma garra que a nossa. Agora a técnica... Ninguém é Campeão do Século e Academia de Futebol por acaso. Aliás, epítetos que não fomos nós que demos. Foram os fatos.

NB – Quando vendemos o Mazola para o Milan, na Copa de 1958, recebemos uma bela grana. Com ela montamos um timaço para 1959. Primeiro, veio o Julinho Botelho, logo depois do Mundial. Ah, Signore Botelho!!! O Nelson Rodrigues dizia que o Garrincha tinha de jogar na ponta esquerda para deixar o Julinho pela direita! Que jogador! Driblador, ofensivo, solidário, goleador. O caráter, então!

JOTA CHRISTIANINI – O Djalma Santos só chegou em maio de 1959. Não foi barato. Foram Cr$ 2,7 milhões por um jogador de quase trinta anos (o que era uma idade avançada naquela época). Boa parte do dinheiro para pagar o passe dele foi arrecadada nas famosas festas carnavalescas. Algo que faríamos também em 1971 com o Leivinha, também comprado da Portuguesa. Mas o Djalma valeu cada centavo. Um lateral direito de técnica admirável e consciência tática absoluta.

FERNANDO GALUPPO – Nosso time era muito bom. Mas o rival também era demais. Eles buscavam o bi paulista. Depois do Supercampeonato de 1959, seriam tricampeões estaduais, de 1960 a 1962, fora um monte de títulos nacionais e internacionais. Só não foram tetras, em 1963, porque mais uma vez não deixamos. Só nós tínhamos time para vencê-los.

JC – Ainda que, quando perdíamos... Foi assim no primeiro turno de 1959: na Vila Belmiro, nosso goleiro Aníbal não foi bem. Levamos de 7 a 3. No returno, no Palestra, a história foi outra. Pra não dizer a de sempre contra o Santos: 5 a 1 pra nós. Faltando quatro jogos para acabar o segundo turno, estávamos empatados em pontos. Foi um sofrimento danado. Perdemos para o São Paulo no Pacaembu e dependíamos de uma derrota do Santos para o Guarani, em Campinas. O jogo acabou mais tarde. O Ferrari, que depois seria lateral da Academia, fez os gols da vitória para o Bugre.

JC – Que time tínhamos! Valdir na meta; Djalma Santos, Valdemar Carabina, Aldemar e Geraldo Scotto na zaga; Zequinha e Chinesinho formavam o meio-campo ; Julinho, Romeiro, Américo Murolo e Geo era o nosso ataque no primeiro jogo da final, bem dirigido pelo Oswaldo Brandão.

NB – O Valdir tinha uma colocação dentro e fora de campo espetacular. Djalma é o melhor lateral de todos os tempos. Geraldo Scotto, pra mim, é o melhor lateral esquerdo da história do Palmeiras. Sério, correto, irrepreensível, pena que parou cedo por lesão e sofreu com a concorrência com a Enciclopédia Nilton Santos na seleção. É um absurdo ter jogado tão pouco pela seleção. Foram apenas duas partidas, em 1960. É um crime lesa-bola ele e o Waldemar Fiúme não terem feito parte da história da CBD. Ao menos o clube fez a parte dele. Em 1962, o Geraldo se machucou pouco antes da Copa no Chile. Era nome quase certo para disputar o Mundial. Depois que o Brasil foi bicampeão, o clube deu a ele um prêmio como "campeão moral" da Copa de 1962.

JEF – O meio-campo era um primor: Zequinha marcava por todo mundo como volante, tinha um bom passe e arriscava alguns chutes da intermediária. Fez quarenta gols pelo Palmeiras. Foi reserva do Zito no título mundial de 1962. Ao lado dele, outro gaúcho, Chinesinho. Ele chegara como ponta-esquerda ao Palmeiras, em 1958. O Brandão começou a usar o Chinesinho como meia no ano seguinte. Foi na estreia do Rio–São Paulo de 1959. Ganhamos do América do Rio por 1 a 0. Ele acabou se transformando em um dos maiores de todos os tempos com a camisa 10. Tem até quem o considera melhor que o Ademir da Guia – para ter uma ideia do que ele jogava!

FG – O ataque tinha o mito Julinho, o Romeiro que jogava em todas as posições da frente, o artilheiro Américo e o Géo. Foi a nossa linha ofensiva na primeira partida da final. Se houvesse um vencedor em 90 minutos, seria o supercampeão. Mas, naquela tarde de terça-feira, 5 de janeiro de 1960, no Pacaembu, acabou tudo empatado por 1 a 1.

JEF – Não jogaram Jair e Pagão no Santos. Não mudava muito: entrou um moleque chamado Coutinho no ataque. Com apenas dezesseis anos, ele seria o melhor parceiro do Pelé. Só isso. Foi dele o primeiro gol, aos 22. O Zequinha empatou aos 34. Foi um resultado justo.

JC – Na tarde de quinta-feira, dia 7, o segundo jogo. Brandão mudou o time: botou o Nardo ao lado do Américo na frente e sacou o Géo da ponta. Para lá, ele mandou o Romeiro. Foi bom também para compensar as dores do Djalma, Chinesinho e Julinho, que não estavam 100 por cento fisicamente.

Mais um gol palmeirense na melhor de três que decidiu o Supercampeonato de 1959

O supercampeão

JEF – O árbitro Catão Montez Júnior marcou muito bem nosso time: não deu um pênalti claro do lateral Dalmo no Julinho, aos 37 minutos. Mas, dois minutos depois, marcou o puxão pelo pescoço do Aldemar (o melhor marcador de Pelé, palavras do Rei!). O Pepe foi bater, e o Valdir ficou cantando o canto para ele. Disse que ia bater no esquerdo. E ele bateu mesmo. Quase deu pro Valdir. Mas é que o Pepe era um animal. Mal tinha como chegar na bola. O chute dele era uma ignorância. O Valdir quase foi parar na praia com a bomba do Pepe.

NB – Voltamos com tudo do intervalo! O Getúlio do time deles fez um gol contra depois de jogada do Romeiro. Eram só 2 do segundo tempo. Mais 2 minutos e o Chinesinho virou o jogo. Os santistas reclamaram muito do lance. Aos 35, um novo pênalti cometido. Desta vez foi o Djalma. O Valdir de novo mostrou o canto pro Pepe. De novo, o Canhão da Vila chutou no lado esquerdo. Nosso goleiro ainda tocou na bola. Mas quase vai com ela e tudo para dentro. 2 a 2.

FG – Novo empate exigia nova partida. Domingo à tarde, 10 de janeiro. Se houvesse nova igualdade, prorrogação de 30 minutos. Mantido o empate, mais 15 minutos de jogo até sair o primeiro gol! Tanto equilíbrio fez com as equipes prorrogassem até a entrada em campo no Pacaembu. Foram mais de 20 minutos de um time esperando o outro até o Palmeiras surgir imponente antes que o Santos. Os primeiros serão os primeiros!

JC – O Jair e o Pagão voltaram ao Santos para a terceira partida.

NB – Nosso grande zagueiro Carabina honrou o nome contra o Pagão: mirou as costas do genial santista e, com menos de 20 minutos, meteu um joelhaço por ali. "Lance de jogo", netinho... Não tente repetir em casa... O Carabina era um grande capitão, sabia jogar, mas se impunha como xerifão. O fato é que o Pagão, que se machucava facilmente, acabou se lesionando e quase se arrastando até o final do jogo. Não havia substituição naquela época no Paulistão.

JEF – Saímos ganhando com aquele reforço que não é o mais correto na vida. Mas que quase sempre aconteceu no futebol. Com todo tipo de time. Com todo tipo de jogador. O Pagão era realmente especial. Ele ainda estava bem quando deu o gol do Santos a Pelé, aos 14 minutos. Uma bomba indefensável para o Valdir. De novo, saíamos atrás na decisão.

NB – Logo depois, o Pelé quase ampliou. Pela meia direita entrou com a bola entre Carabina e Aldemar, e do bico da pequena área chutou cruzado. O Valdir fez defesa milagrosa com o pé direito.

JC – O Santos sentiu a falta de Pagão em melhores condições, e Jair mais disposto a escapar da marcação. Mas havia Pelé, que deixava o time deles com uns dez a mais. Porém, depois do choque do gol, Aldemar passou a limpar a área. Era um zagueiro formidável. Até para iniciar os ataques. Foi ele quem desarmou o Rei na intermediária e tocou para o Romeiro bater lá da esquerda; nosso ex-zagueiro Formiga acabou falhando, e a bola se ofereceu para o Julinho empatar. De canhota, aos 42.

NB – Mas era preciso vencer! No segundo tempo, atacamos para o gol da Concha Acústica. Onde se viu outra obra-prima: a do Sputnik brasileiro, o Romeiro, que fez a luz logo aos três minutos. Golaço!

JC – Ele era um jogador muito moderno, versátil. Além de tecnicamente impecável na bola parada. Ele bateu com efeito uma falta da meia direita que o Laércio não sabe onde e como foi. O ótimo goleiro deles (e que já havia sido nosso) pulou por pular. Ele disse ao jornal *A Gazeta Esportiva* que imaginou que a bola tivesse ido para fora. Até hoje o grande Zito acha que não houve a falta da virada, que não cometera a infração. Mas ele também admite que poucas vezes viu tamanho efeito numa bola. E raras vezes enfrentou um jogador tão rápido, driblador, criativo e vivo como Chinesinho.

FG – O Laércio não pegou aquela falta histórica do Romeiro. Talvez a mais emblemática de nossa rica galeria de grandes cobradores e imensos gols. Mas o goleiro do Santos fez mais um monte de defesas até o fim do jogo. Mais duas bolas na trave até o título mais que merecido. O nosso supercampeonato! Fechando 1959 e abrindo 1960 com bola de ouro. Já que, ao final daquele ano, ganhamos do Fortaleza, no Ceará, por 3 a 1, na primeira decisiva da Taça Brasil (torneio que, desde 2010, foi enfim reconhecido como o autêntico Campeonato Brasileiro).

NB – No jogo de volta, goleamos por 8 a 2! Até hoje a maior goleada numa decisão nacional. Mais um recorde palmeirense. Mais um supercampeão naqueles meses. Para quem ficara sem títulos de 1951 a 1959, voltar a ser supercampeão de tudo era para poucos. Era para Palmeiras.

JC – Mais ou menos o que fizemos em 1959 e 1960 repetiríamos em 1993-94, quando ganhamos o Paulistão e acabamos com a fila. Logo depois, ganhamos tudo de importante que disputamos no Brasil. Depois de dezesseis anos sem títulos, ganhamos cinco canecos em dezenove meses. Só o Palmeiras saiu de longa fila assim.

ANGELO – Só nós fomos supercampeões paulistas.

NB – E depois o metido e presunçoso é o seu avô!

ANGELO – O senhor me ensinou que, contra alguns fatos e muitos feitos, não existem argumentos. Contra o Palmeiras não existe nada!

O 4-2-4 já era esquema usual no Brasil, embora, muitas vezes, dependendo da função do ponta-de-lança, ainda se jogasse com três na zaga

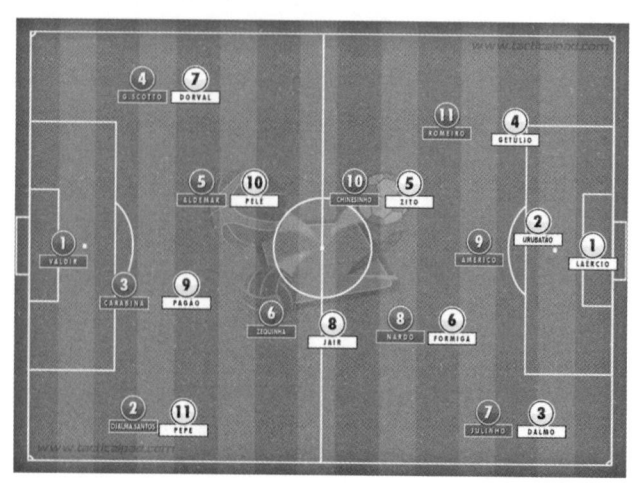

Brasil é Palmeiras

Palmeiras 3 x 0 Uruguai
Amistoso Internacional – Taça Independência

Data: 07/09/1965
Local: Mineirão
Renda: Cr$ 49.162.125,00
Público: aproximadamente 80.000
Juiz: Eunápio de Queirós
Gols: Rinaldo 27', Tupãzinho 35' e Germano 74'
PALMEIRAS: Valdir de Moraes (Picasso); Djalma Santos, Djalma Dias, Carabina (Procópio) e Ferrari; Dudu (Zequinha) e Ademir da Guia; Julinho (Germano), Servílio, Tupãzinho (Ademar Pantera) e Rinaldo (Dario)
Técnico: Filpo Núñez
URUGUAI: Taibo (Fogni); Cincunegui (Brito), Varela, Manicera e Caetano; Nuñez (Lorda) e Duksas; Franco, Héctor Silva (Vingile), González e Espárrago (Morales)
Técnico: Juan López

NONNO BEPPE – Angelo, vou lembrar agora uma goleada da seleção brasileira contra o Uruguai.

ANGELO – Finalmente, você vai deixar de falar só do Palmeiras... Tudo bem que muitas vezes fomos uma autêntica seleção, né?

NB – Naquele feriado da Independência do país, o Palmeiras foi o Brasil. Como nenhum outro seria.

ANGELO – Mas você já tinha dito que todos torceram por nós na Copa Rio de 1951...

NB – Sim. Mas quem foi a seleção brasileira na segunda partida dos festejos pela inauguração do Mineirão, com mais de 80 mil torcendo por nós? Quem tinha bola e elenco para defender a seleção bicampeã mundial, então? Quem jogou com a camisa do Brasil e enfiou 3 a 0 no Uruguai que seria, um ano depois, semifinalista da Copa de 1966, na Inglaterra? Uruguai que tinha como base o Peñarol, que seria campeão sul-americano e mundial em 1966. Sete jogadores que atuaram no Mineirão contra o Palmeiras estiveram na Copa na Inglaterra.

ANGELO – O Corinthians não jogou pelo Brasil também uma vez?

FERNANDO GALUPPO – Sim. Em novembro de 1965. E perdeu. Contra o Arsenal, em Londres. Não é um jogo oficial, por não ser uma partida contra uma seleção nacional e, sim, contra um clube. Mas eles realmente jogaram em nome da CBD. Mas perderam. Para um Arsenal que acabaria em 14o lugar no Campeonato Inglês daquela temporada.

JOTA CHRISTIANINI – No Mineirão, o Palmeiras venceu o Uruguai que faria bonito na Copa do Mundo no ano seguinte. Já o Brasil, na Inglaterra, em 1966, não passou da primeira fase. Também porque o treinador Vicente Feola desprezou o melhor jogador do país naquele momento – Servílio – e deixou de usar gente como Dudu e Ademir da Guia.

JOSÉ EZEQUIEL FILHO – Teria sido menos difícil para o Brasil em 1966 se a CBD tivesse repetido o convite feito ao Palmeiras em 1965. Era só ouvir o que dissera o zagueiro uruguaio Manicera, logo depois dos 3 a 0 que a Celeste levou em Belo Horizonte: "Se o Brasil quiser ser tricampeão mundial em 1966, basta levar todo esse time do Palmeiras para a Inglaterra e escalar o Pelé. Mas não pode tirar aquele loirinho do time. O "loirinho" era o Divino Ademir da Guia.

FG – Mas é preciso dizer que, na época da Copa, mesmo com o título paulista que acabaríamos conquistando em dezembro de 1966, nossa equipe já não ostentava a brilhante forma de 1965. Quando ganhamos o apelido de Academia.

JC – Não inventamos esse nome. Ganhamos, junto com a conquista do Rio–São Paulo de 1965. Vencemos as duas fases da competição e cancelamos as finais do torneio. Faltou pouco para a nossa diretoria aceitar o pedido da torcida, aproveitando a data da final cancelada para fazer um jogo entre os titulares e os reservas. Seria um jogo mais difícil que alguns que fizemos...

ANGELO – Metido, hein, Jota...

Brasil é Palmeiras

JC –Não, meu querido. Era fato. O artilheiro do campeonato foi o Ademar Pantera. Reserva do time. Que só não fez mais gols porque se lesionou no final.

JEF – Outros clubes adoram criar apelidos, superlativos, substantivos mais que abstratos. Nós fomos apelidados de Academia pelos "alunos". Quem bem definiu o que é Academia foi o jornalista Thomaz Mazzoni: "É o time que joga mais bonito, que dita cátedra e ensina o jogo da bola." Nós fizemos escola. Demos aula de bola. E um banho de futebol nos uruguaios em 1965.

ANGELO – Por que o Palmeiras jogou com a camisa amarela da seleção?

NB – Nosso calendário nunca foi o ideal. A CBD, nome antigo da atual CBF, era uma bagunça. Marcava amistosos e não se preocupava com quem jogaria pelo Brasil. Como a coisa foi meio que em cima da hora, para não fazer feio, resolveram chamar para representar a seleção o melhor time do país. Campeão do Rio–São Paulo em 23 de maio de 1965. De modo irrepreensível. E antecipado.

JC – Fizeram de modo oficial e correto. Chamaram todo o time e a comissão técnica, com o Vicente Feola como coordenador. O governador de Minas Gerais, que daria depois o nome ao estádio (Magalhães Pinto), era torcedor do Palmeiras.

NB – Aquela tarde ensolarada de terça-feira no Mineirão foi toda nossa. Dos dezessete jogadores que entraram em campo, apenas três só jogaram aquela partida pela seleção – Ferrari, Dario e Tupãzinho. Os demais todos já haviam atuado. Ou viriam a atuar mais vezes pelo Brasil. Só não teve mais gente boa escalada porque uma das novas contratações não pôde jogar por ser... uruguaio. O ótimo goleiro Maidana não poderia atuar contra seu país jogando pelo Brasil.

JEF – Só não jogaram, os outros três, mais vezes pela seleção porque a concorrência era feroz naqueles anos de ouro do futebol brasileiro. Mas o Tupãzinho merecia mais oportunidades na seleção.

JC – Valdir; Djalma Santos, Djalma Dias, Valdemar Carabina e Ferrari;

Ademir da Guia e Djalma Dias defendem o Palmeiras que foi Brasil contra o Uruguai, em 1965

71

Dudu e Ademir da Guia; Julinho, Servílio, Tupãzinho e Rinaldo. Que time! A primeira Academia!

NB – Djalma Santos fazia a sua partida noventa pelo Brasil como se fosse a mesma, sempre regular; o capitão Valdemar Carabina espanava a área; o hábil Djalma Dias (pai do ainda mais genial Djalminha) limpava e brilhava o jogo; o veloz ex-ponta-esquerda Ferrari completava a defesa pela qual ninguém passava. Djalma avançava, mas sem desguarnecer a lateral direita. O incansável "vovô" e volante Dudu o cobria quando necessário; mais rápido, Ferrari também gostava de atacar pela esquerda, até por ter sido ponta no Guarani. Se Julinho caía por dentro, na diagonal, Djalma aproveitava (sem ir ao fundo). Ferrari também tinha espaço para se projetar, já que o ponta-esquerda Rinaldo gostava de fechar, sabia armar e batia muito bem na bola. Só não era meia porque o 10 era Ademir da Guia.

JC – Quando avançava, Djalma Santos trabalhava com Julinho, até pelo entrosamento dos tempos de Portuguesa. Ele não atropelava o ponta-direita. Sabia a hora. Conhecia o espaço. Dudu e Ademir compunham o meio-campo histórico. Servílio os ajudava sem a bola e se aproximava do centroavante (Tupãzinho ou Ademar Pantera) quando o time saía para o jogo. Era um 4-3-3 que se transformava em 4-2-4 com a bola. O entrosamento perfeito da equipe também se deu pelo trabalho de Filpo Núñez, o condutor da Primeira Academia. O Valdir Joaquim de Moraes explica: "Ele era muito bom treinador. Conhecia o futebol e a alma dos jogadores. Ele falava muito com a gente. E também ouvia."

JEF – O Djalma Santos foi bi mundial. O Julinho só não foi também porque não quis (em 1958) e porque se machucou (em 1962). Ademir devia ter disputado pelo menos mais uma Copa. Como Dudu, Servílio e Valdir. Djalma Dias foi titular nas Eliminatórias para a Copa de 1970. Para Carlos Bilardo, treinador campeão mundial pela Argentina em 1986, o melhor jogador brasileiro que ele enfrentou foi o Tupãzinho. E ainda entraram o Zequinha, Picasso, Ademar Pantera, Dario, Procópio, Germano, só fera. Só o Santo não jogou. Ficou no banco.

JC – Foi um massacre. Aquele time era imensamente técnico, mas também rápido. Um pouco menos veloz sem a presença do Gildo (que, por aqueles dias, não vivia boa fase técnica), que, em 7 de março, contra o Vasco, pelo Rio–São Paulo, no Maracanã, marcara um gol com 7 segundos, na saída de bola. Lance bem ensaiado pelo treinador.

NB – Grande Filpo! Foi com ele que o time se ajustou taticamente, com o Dudu saindo menos para o jogo, protegendo mais a zaga. Com o Servílio mais recuado, quase saindo do 4-2-4 da época para um 4-3-3. As várias jogadas ensaiadas eram méritos do Filpo, que fazia um excelente ambiente no vestiário. Também ele se motivou muito com a honra de dirigir o Brasil. Ainda mais contra o Uruguai.

JEF – Ainda pairava o fantasma de 1950. Eram apenas quinze anos do Maracanazo de 16 de julho. Mas o Palmeiras, como havia feito na Copa Rio de 1951, tratou os pavores com futebol.

JC –Desde o início do jogo. O Servílio quase abriu o placar aos 2 minutos, de cabeça. Elegante, grande cabeceador e goleador, Servílio é o nosso quinto maior artilheiro com 140 gols.

NB – Rinaldo quase fez o primeiro gol no estádio Minas Gerais aos 6 minutos, em um habitual tiro fortíssimo que raspou a trave. O Brasil, ops, o Palmeiras era muito técnico. Aos 10, Servílio e Tupãzinho fizeram uma tabela sensacional, mas desperdiçaram a chance.

FG – Aos 25, Julinho avançou pela direita como bólido que ainda era, mesmo em final de carreira, e cruzou. O zagueiro Cincunegui se atrapalhou e cometeu um pênalti bem discutível, enfiando a mão na bola. O Rinaldo encheu o pé e fez 1 a 0. No segundo gol, aos 35 do primeiro tempo, depois de lance do Rinaldo, o Tupãzinho caiu sobre a bola e a tocou com o braço. Não foi falta. Ele seguiu no lance e fez 2 a 0. Gol normal.

JC – Anormal, mesmo, foi o árbitro Eunápio de Queiroz não marcar um pênalti no Ademir, no final do primeiro tempo. Sem contar, um pouco antes, outro lance que poderia ter sido pênalti no Rinaldo.

JEF – No segundo tempo, o Filpo fez três mexidas. Sacou nosso grande capitão Carabina, que não estava 100 por cento fisicamente e que fora escalado mais como homenagem que pela condição naquele momento, e colocou o Procópio, zagueiro duro, mas muito bom. O imenso Zequinha substituiu o Dudu e o Germano foi jogar na ponta direita no lugar do Julinho – outro que também entrara como titular como uma espécie de homenagem pela carreira maravilhosa.

FG – Continuamos dominando o jogo mesmo com as mexidas. O nosso time era muito bom. Tanto que, por aquelas semanas, viveu uma série de nove partidas sem sofrer gols. Aquele jogo foi o quarto da série invicta.

JC – O Mineirão se animou aos 18 do segundo tempo, quando entrou o atacante mineiro Dario.

NB – Na final antecipada do Rio–São Paulo de 1965, um clássico 3 a 0 contra o Botafogo, no Pacaembu, ele fez um golaço de sem-pulo, depois de uma colherinha fantástica do Ademir da Guia.

ANGELO – Já vi esse gol no YouTube!

NB –É lindo mesmo. Como foi também nosso terceiro gol, aos 25. O Germano chutou bem de longe, de fora da área, surpreendendo o goleiro Bogni. 3 a 0. Só não foi mais porque houve aquela relaxada. Mesmo com a boa entrada do Ademar Pantera. Um centroavante que valia quanto pesava. Mesmo acima do peso, jogava muito e quase fez o quarto gol.

NB – O grande time é aquele que faz um 3 a 0 no Uruguai com enorme tranquilidade. Se os rivais chegaram a Belo Horizonte na véspera e mal tiveram tempo para treinar, o Palmeiras, ops, o Brasil vinha também em ritmo de maratona. Também por isso não precisou nem jogar o muito que sabia. Servílio esteve abaixo de seu grande nível. Até Ademir não brilhou como de costume.

FG – Desde 1949, o 3 a 0 no Mineirão foi o melhor resultado da seleção contra o Uruguai.

JC – A imprensa paulista fez questão de enfatizar que era mais uma vitória do Palmeiras que do Brasil. Os principais jornais colocaram como manchetes que o "Palmeiras" fizera 3 a 0. Não o "Brasil". Mas o fato é que o troféu conquistado pela CBD (não pelo Palmeiras) ficou na administração do Mineirão até 1988, quando o clube o requisitou. Os 18 milhões de cruzeiros de prêmio ficaram desde 1965 nos cofres do clube.

NB – O amistoso contra o Uruguai coroou meses magníficos naquele ano. No Rio–São Paulo, ganhamos doze dos dezesseis jogos. Perdemos apenas um. Fizemos 49 gols. Mais que o dobro do vice-campeão. Enfiamos 7 a 1 nos reservas do Santos. Duas goleadas por 4 a 1 no Maracanã (contra Vasco e Flamengo), fora o 5 a 3 no Botafogo e o 3 a 0 na decisão antecipada, em São Paulo. Sem contar a nossa maior goleada contra o São Paulo: 5 a 0, no Pacaembu, em 19 de maio.

ANGELO – A Academia foi um nome perfeito.

NB – Não. Perfeito foi o Palmeiras.

ANGELO – Não foi. É.

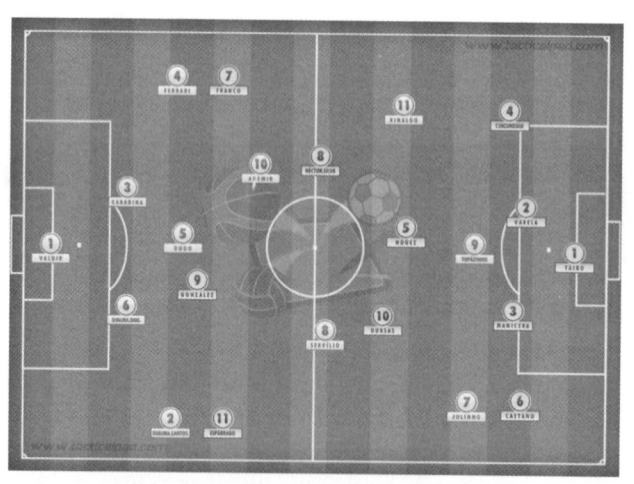

A primeira Academia atuava no 4-3-3, com o recuo de Servílio por dentro, ou mesmo de Rinaldo, que fechava pela esquerda

Ganhando lá e cá

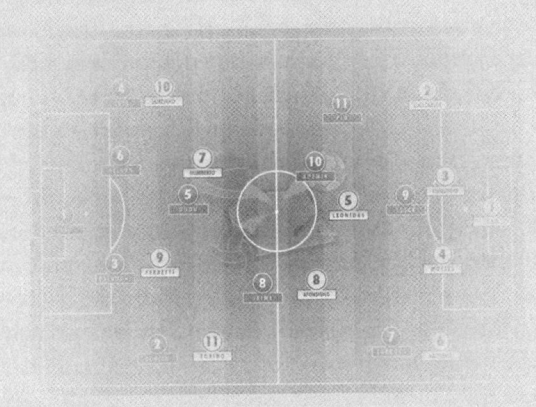

Palmeiras 3 x 1 Botafogo
Torneio Roberto Gomes Pedrosa

Data: 07/12/1969
Local: Morumbi
Renda: Ncr$ 51.210,00
Público: 8.310
Juiz: Armando Marques
Gols: Ademir da Guia (11' e 44'), César 27' e Ferreti 56'
PALMEIRAS: Leão; Eurico, Baldochi, Nelson e Zeca; Dudu, Jaime e Ademir da Guia; Cardoso (Copeu), César e Pio (Serginho)
Técnico: Rubens Minelli
BOTAFOGO: Cao; Luís Carlos, Chiquinho, Moisés (Ademir) e Valtencir; Leônidas e Afonsinho; Jair, Humberto, Ferreti e Torino (Zequinha)
Técnico: Zagallo

ANGELO – Nonno, parece até que em todos os grandes jogos do Palmeiras você esteve presente no estádio. Teve algum jogo inesquecível que você celebrou ouvindo pelo rádio?

NONNO BEPPE– Teve a conquista do segundo torneio Roberto Gomes Pedrosa, em 1969. Vibrei demais no Morumbi com o que foi o nosso segundo título brasileiro. Ou melhor, nosso quarto campeonato, somando a Taça Brasil de 1960 e 1967. E mais a conquista do primeiro Robertão, como a gente chamava o torneio que foi, digamos assim, o pai do Brasileirão. Se há como discutir se a Taça Brasil já era o Campeonato Brasileiro (disputado com a esse nome a partir de 1971), é indiscutível que o Robertão foi o torneio que originou o Brasileirão.

FERNANDO GALUPPO – Também não dá para discutir o clube que mais títulos brasileiros conquistou, desde a primeira Taça Brasil, em 1959. Em 1967, menos ainda. Ganhamos dois nacionais numa só temporada! Faturamos tanto o primeiro Robertão, na vitória por 2 a 1 sobre o Grêmio, no Pacaembu, quanto a Taça Brasil, ganhando do Náutico por 2 a 0, no Maracanã, na terceira partida decisiva.

ANGELO – Como assim campeão brasileiro duas vezes em 1967?

NB – Foi o primeiro ano em que calendário brasileiro teve duas competições nacionais. Mais uma primazia palmeirense.

JOSÉ EZEQUIEL FILHO – A Taça Brasil foi o primeiro torneio realmente nacional organizado no Brasil. Em 1959, para definir quem seria o representante brasileiro na recém-criada Copa Libertadores, a CBD fez um torneio de caráter nacional reunindo os campeões estaduais. Nasceu a Taça Brasil. Como não havia outro torneio dessa amplitude, era o próprio Campeonato Brasileiro. O vencedor ia para a Libertadores do ano seguinte.

JOTA CHRISTIANINI – Como campeão paulista de 1959 (aliás super-campeão!), o Palmeiras disputou nossa primeira Taça Brasil no ano seguinte, em 1960. Claro que vencemos! Com direito à maior goleada numa decisão nacional: 8 a 2 no Fortaleza. Feito que repetiríamos em 2008, goleando a Ponte Preta por 5 a 0, na maior goleada de uma decisão paulista desde 1902.

FG – A Taça Brasil é mais ou menos como é hoje a inchada Copa do Brasil. Porém, na época, era muito mais difícil participar. Só campeões estaduais participavam. Não tinham convidados.

JEF – Por isso alguns de nossos rivais municipais costumam desdenhar a Taça Brasil... Não é que eles nunca venceram o torneio, que durou de 1959 até 1968. O fato é que eles nunca disputaram! Ficaram anos sem títulos paulistas. Justamente na época de ouro do futebol brasileiro no mundo, ou ganhava o Palmeiras ou o Santos. Só nós e eles em São Paulo.

NB – De 1959 a 1966, de caráter nacional, só existia a Taça Brasil. Os campeões eram legítimos senhores dos campos brasileiros naqueles tempos. Mas, em 1967, foi ampliado o Torneio Rio–São Paulo (chamado Roberto Gomes de Pedrosa desde a morte do dirigente, em 1955). Clubes de Minas, Rio Grande do

Sul e Paraná passaram a disputar um campeonato com quase sempre os melhores clubes da época. O Torneio Roberto Gomes Pedrosa ganhou o apelido de Robertão. Foi disputado de 1967 a 1970. Quando, em 1971, ele passou a ser chamado de Campeonato Brasileiro. Só isso. O Brasileirão que temos desde então, com uma série de regulamentos absurdos, viradas de mesa. Mas, enfim, quase que uma continuação do que vemos desde 1959. Ou, sem dúvida, desde o primeiro Robertão, em 1967.

FG – Melhor fez a CBF em 2010, para acabar com a discussão. Quem é campeão da Taça Brasil (1959 a 1968) é campeão brasileiro. Quem ganhou o Robertão (1967 a 1970) também é. Por isso somos octacampeões brasileiros. Com as duas Copas do Brasil (1998 e 2012) e mais a Copa dos Campeões (2000), somos o clube brasileiro que mais títulos nacionais conquistou. O clube que mais venceu títulos importantes do país do futebol.

NB – Talvez tivéssemos vencido mais um título. Em 1968, na última e esvaziada Taça Brasil, nenhum clube paulista participou. Eles preferiram disputar o Robertão. Um torneio desde sempre muito importante. E muito mais difícil de ser vencido que a Taça Brasil.

JEF – Não precisa dizer quem ganhou mais vezes o Robertão. O único clube que participou dos quatro quadrangulares finais. Foi o primeiro torneio disputado em grupos, em ida e volta, e com caráter de campeonato, não de copa. No primeiro ano, em 1967, os quinze principais clubes de cinco estados mais poderosos da CBD foram os participantes; de 1968 a 1970, foram dezessete equipes de sete estados. Ao todo, 22 clubes participaram de 1967 a 1970. O Palmeiras foi o maior campeão do Robertão: duas vezes, em 1967 e 1969.

NB – Também foi o clube que mais pontos conquistou (104), o que mais venceu (41 jogos), o melhor aproveitamento de pontos (67 por cento), o melhor ataque (118 gols), o melhor saldo de gols (45), e teve a terceira melhor média de gols sofridos.

JC – Somados os nossos títulos da Taça Brasil de 1960 e 1967, com o Robertão de 1967 e 1969 e os Campeonatos Brasileiros de 1972-73, somos oficialmente o primeiro clube heptacampeão nacional, quando conquistamos o Brasileirão de 1993. Logo, também fomos o primeiro octa, quando ganhamos o Brasileirão de 1994 contra o Corinthians.

ANGELO – Mas, então, Nonno: você estava no estádio na decisão do Robertão de 1969?

NB – Sim. Estava no Morumbi e vi a nossa vitória por 3 a 1. Mas ainda precisava ouvir a confirmação do título no jogo no Mineirão. Faltavam 32 minutos em Belo Horizonte. O Cruzeiro enfrentava o Corinthians e dependíamos do resultado em Minas para comemorar mais um título. Dos mais emocionantes e difíceis de nossa história.

JC – Em 1968, depois do vice-campeonato na Libertadores, iniciamos uma reformulação no elenco campeoníssimo. Seu Valdir se aposentou na meta. Djalma Santos foi para o Atlético Paranaense. Servílio saiu em dezembro. No final do ano trocamos com o Grêmio o Tupãzinho pelo regular lateral esquerdo Zeca. Negócio estranho na época. Mas um grande acerto na formação da Segunda Academia, nos anos 1970. Contratamos dezessete jogadores para 1969. Gastamos mais de 3 milhões de cruzeiros novos. Praticamente, só ficaram Dudu e Ademir, claro! Além de Don Filpo Núñez, que retornara ao clube em agosto de 1968. Também permaneceram o Baldochi e o Minuca na zaga. O César Maluco ficou, depois de recontratado do Flamengo. Graças a Deus! E ao diabo, também.

JEF – No elenco para 1969, também ficou um lateral direito que chegara ainda em 1968, do Botafogo de Ribeirão Preto: Eurico. E um rapazola de dezoito anos vindo do São Bento. Luís Pereira. O maior zagueiro que tivemos. Ele foi a segunda opção da diretoria. A primeira era o zagueiro Paulo, do Guarani, grande revelação do Paulista de 1968. Perdemos (ou ganhamos) essa disputa para o Santos, que comprou a "revelação".

JC – Outro jovem que chegou em 1969 foi um goleiro do Comercial. Emerson Leão. E o Edu Bala, ponta-direita da Portuguesa. A segunda Academia, de 1972, realmente começou já em 1969. Para não dizer 1968. O responsável pela grande reformulação que deu muito certo foi o diretor José Gimenez López, o Espanhol. Ele que bancou os reforços e, depois, a bronca com os maus resultados no início do Robertão de 1969. Ele era uma figura. Carioca, torcia pelo Fluminense de criança até ver o Palestra jogar, em 1934. Virou palestrino. O único de uma família de corintianos. Dizia que era a ovelha verde por ser "o mais inteligente dos familiares". Tinha uma tese meio estapafúrdia de que jogador não podia ficar mais de quatro anos em um clube.

NB – Ele só admitia duas honrosas exceções. Dudu e Ademir da Guia. Ainda bem.

FG – Fizemos boa campanha no Paulistão de 1969. Ganhamos o Torneio Início. Vencemos duas vezes o Santos. Mas o Pelé estava em dias de Pelé. No quadrangular final ele desequilibrou. Fomos vice-campeões, tirando o posto do Corinthians, vencendo o jogo por 3 a 2.

JC – Logo depois saiu o Filpo. Ele disse que alguns atletas tinham se vendido para o Santos e, depois, falou mal de um monte de gente do clube em um restaurante. O papo chegou até os dirigentes que o demitiram. Assumiu o jovem Rubens Minelli, vindo do América de Rio Preto. Um dos maiores treinadores da história do futebol brasileiro. Ele foi montando o time numa excursão pela África e Europa. Terminou conquistando o nosso primeiro Troféu Ramon de Carranza, na Europa.

FG – Mas o desgaste do giro de dois meses cobrou a conta na volta ao Brasil. Estreamos no Robertão quatro dias depois da vitória por 2 a 1 contra o Barcelona, num show do Ademir da Guia, na Espanha. Perdemos no Maracanã por 2 a 1 para o Flamengo. O elenco estava morto fisicamente.

NB – E teve mais! Pior: menos. No jogo seguinte, no Beira-Rio, perdemos por 3 a 0 para o Inter. No primeiro jogo no Palestra, derrota para o Cruzeiro por

1 a 0. O primeiro ponto veio no quarto jogo. Empate por 2 a 2 com o América carioca, em casa. Além do cansaço e de jogar mal, tínhamos jogadores com problemas contratuais. Enfim, o Palestra de sempre!

JEF – Perdemos a quarta partida em cinco jogos na Fonte Nova. Foi 2 a 0 para o Bahia. Só fomos vencer a partida seguinte, no Arrudão. O César Maluco fez o último gol contra o Santa Cruz.

JC – Fez o último e os outros dois. Foi 3 a 2 para nós. Aleluia!

NB – Ele era demais. No Pacaembu, ganhamos o jogo seguinte. 2 a 1 no Santos. Pelé fez o dele. O César fez os nossos. Mas seguimos na base do perde-ganha danado. Estava muito difícil se classificar. Principalmente, depois da derrota para o São Paulo por 2 a 1, no Palestra.

JEF – Mas o Minelli segurou a bronca legal. Do mesmo modo como o José Giménez Lopez o manteve depois do mau começo. Desde aquela época o Minelli entendia que as equipes só davam certo se os trabalhos dos treinadores fossem mantidos. Em 1969, diziam que ele era inexperiente, coisa e tal, que só tinha seis anos como técnico profissional. Mas o Minelli e o Giménez garantiram que só deixariam o clube como campeões do Robertão.

NB - Mesmo pressionado o técnico, vencemos os cinco últimos jogos da primeira fase. Estávamos classificados para mais um quadrangular final. E ainda com a melhor campanha do grupo B.

JC – O Minelli encontrara o time. Fixara o Edu na ponta direita. O Pio ficara com a esquerda, também ajudando mais atrás, no meio. Na frente, além do endiabrado César Maluco, o Jaime, que viera do Bangu, dava um equilíbrio muito bom, dando um pé também ao Dudu e ao Ademir no meio-campo. Era um 4-3-3 muito bem organizado e que dava mais liberdade ao Ademir para chegar à frente.

NB – Sem contar o sistema defensivo que encaixou no final. Leão virou titular absoluto; Eurico, Baldochi, Nelson e Zeca faziam uma ótima defesa.

FG – No primeiro jogo do quadrangular final, empatamos sem gols com o Corinthians. Eles tinham a melhor campanha do campeonato. Mas, sabe como é... Deu a lógica histórica. No outro jogo, Botafogo 2 x 2 Cruzeiro, no Rio. Na rodada seguinte, nosso maior rival venceu o Botafogo por 1 a 0. Nós fomos ao Mineirão e abrimos a contagem com o César. O Palhinha empatou no segundo tempo.

NB – Na última rodada, no domingo, nós precisávamos vencer o Botafogo, no Morumbi. Mas se o Corinthians vencesse o Cruzeiro, no Mineirão, eles seriam campeões. Pior: se o time do Tostão vencesse nossos rivais por três ou mais gols, dependendo do nosso resultado, os mineiros também teriam chance de título. O Palmeiras tinha de fazer o nosso papel e o nosso jogo e torcer por vitória magra do Cruzeiro, para que eles não nos superassem no saldo de gols. O Corinthians só dependia dele.

JC – O Edu não jogou na decisão. Entrou o Cardoso na ponta. O Botafogo tinha Jairzinho, mas não era tão forte como o timaço de 1968, campeão da Taça Brasil.

JEF – Éramos um time de chegada. Em dois meses e dez dias, saímos da penúltima posição no campeonato para o título no saldo de gols. O time estava voando. Tanto que o novo treinador do Brasil, o João Saldanha, convocara o Leão e o Baldochi para a seleção. Mas o que jogaram o Ademir e o Dudu na recuperação no Robertão foi uma grandeza.

JEF – O César Lemos ainda não era o César Maluco - embora já fosse de berço. Ele foi fundamental na conquista do primeiro Robertão, em 1967. Depois caiu em desgraça, quase foi parar no Botafogo, voltou para o Flamengo, mas ficou de vez no Palestra e no nosso coração. Teve problemas com o Filpo, teria muitos depois com o mestre Brandão. Mas, dentro da área, ele só criava soluções para nós. Marcou treze dos 28 gols do time no Robertão de 1969.

ANGELO – Mas como foi essa vitória contra o Botafogo?

NB – O jogo, em si, não foi tão difícil. Eles estavam sem o Paulo César Caju, Rogério e o Roberto Miranda. E não muito interessados. Depois de uma blitz inicial, o Ademir abriu o placar aos 11 minutos. O Cardoso cruzou da direita, o Chiquinho Pastor espanou e o Divino bateu cruzado.

FG – O César ampliou aos 27. Ele recebeu cabeçada do Cardoso depois de belo lançamento do Jaime. Estava fácil. O Maluco nem precisou acertar direitinho a bola na cabeçada para desviar do goleiro deles. Linha de passe de cabeça. O Divino fechou o primeiro tempo marcando o terceiro, aos 44, depois de tabela e lance de raça do César. O Ademir recebeu a bola do camisa nove caído, cortou o Valtencir e bateu de direita. Falando assim parece fácil. E com o Ademir tudo ficava menos difícil.

JEF – Estávamos repetindo os 3 a 0 no Pacaembu da decisão antecipada do Rio–São Paulo de 1965. Mas, em 1969, no segundo tempo, o Ferretti diminuiu, aos 10 minutos. Ficamos trocando bola ao estilo e na escola do Ademir e terminamos vencendo o jogo por 3 a 1.

JC – Teve um pênalti do goleiro Cao no César que o Armando Marques, sempre ele, não marcou, no comecinho do segundo tempo. Não precisávamos. Tanto que recuamos nosso time e ficamos esperando o tempo passar. Estávamos mais preocupados com o jogo do Mineirão, que estava atrasado em relação ao nosso. Aqueles absurdos típicos do futebol brasileiro.

JEF – Ainda dependíamos de mais 32 minutos de bola rolando no Mineirão. Lá, o Corinthians dependia apenas dele para ganhar o Robertão. Mas, com 50 segundos de jogo, o Evaldo fizera 1 a 0 para o Cruzeiro.

NB – No apito final do Armando Marques no Morumbi, nossos jogadores mal celebraram a vitória e o título que, com aquela vitória do Cruzeiro por apenas 1 a 0, ainda era nosso. Até por que...

FG – No Mineirão, o genial Rivellino, palmeirense de berço, empatou aos 12 minutos para o Corinthians. Eles voltavam a estar a um gol do título. O gol de empate deles foi praticamente junto com o final do jogo no Morumbi.

NB – Confesso que tremi. Não confiava no Corinthians. Mas tinha minhas dúvidas em relação ao Cruzeiro, que era ótimo time, melhor que o deles, mas que estava com um jogador a menos.

JC – No vestiário, os nossos jogadores logo tomaram banho e ficaram ouvindo pequenos radinhos de pilha. Não havia TV. Apenas a narração das rádios direto do Mineirão. O empate por 1 a 1 ainda dava o título ao Palmeiras. Mas um gol do Corinthians daria o Robertão a eles e terminaria com o jejum de títulos iniciado em 1954.

JEF – Alguns dos nossos jogadores ainda estavam no banho no Morumbi quando o vestiário foi invadido pelos berros de fora do estádio e também de dentro. Gol do Cruzeiro! O Dirceu Lopes, outro craque, fez 2 a 1, aos 23 minutos.

NB – O Cruzeiro vencia por 2 a 1. Éramos campeões. Mas, se fizesse 4 a 1, o time mineiro seria campeão pelo saldo.Ou, se o Corinthians virasse para 3 a 2, eles sairiam da fila...

JC – Muitos torcedores e conselheiros invadiram o vestiário do Morumbi em festa. Parecia tudo definido. Mas Minelli e os jogadores sabiam o que haviam sofrido até ali.

NB – Eu fazia o mesmo na frente do portão de entrada do Morumbi. Ainda que estivéssemos mais que acostumados a títulos como ótimos palmeirenses, não era fácil torcer contra os dois times. Isso mesmo. Um porque era o Corinthians. Outro porque quem estava mais perto do título àquela hora era o Cruzeiro. Mais dois gols e eles seriam campeões. Uma virada corintiana daria o título aos nossos rivais. Aquela descida da arquibancada do quase terminado Morumbi até próximo aos vestiários foi muito sofrida. Não aguentei ficar lá em cima. Fiquei com a maioria que estava na frente do estádio. Quando eu cheguei, saiu o segundo gol do Cruzeiro. Nem assim fiquei aliviado.

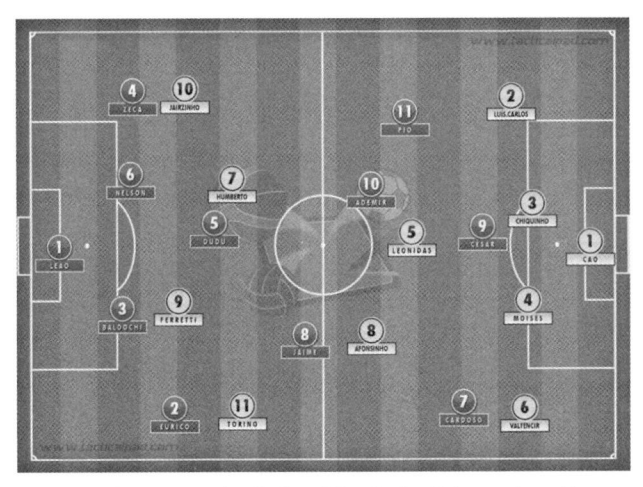

Com Jaime na meia direita, Ademir da Guia ganhou liberdade para encostar em César, em um 4-3-3 que podia virar um 4-2-4

JEF – Mas deu tudo mais que certo. E merecido. No apito final do jogo, pelo relato dos jornais, o César saiu correndo chorando e foi abraçar o Minelli, que também chorava. Não fosse o treinador, talvez o César estivesse no Botafogo naquela tarde.

NB– Lembro que, depois de me refazer e me reanimarem no Morumbi, fui até o Palestra. Cheguei a tempo de ver o Ademir da Guia sendo carregado pelos torcedores. Lembro o alto-falante tocando nosso hino até de madrugada. Mais um título que, confesso, lembro mais pelo hino e pelo desespero no radinho que pelo que jogamos na decisão contra o Botafogo.

JEF – A torcida acompanhou o ônibus da delegação até o Palestra. A festa corintiana estava pronta. Bandeiras dobradas embaixo do braço como "desodorantes".

JC – O Corinthians reclamou muito da tabela, da CBD e da arbitragem no Mineirão.

JEF – Reclamaram de um pênalti em Ivair e de um gol de Benê anulado por impedimento. Muita gente disse que eles foram realmente prejudicados. Mas eles levaram o segundo gol quando tinham um jogador a mais em campo. É bom dizer. Como também é bom recordar o que gritei tanto quanto berrei "Palmeiras" na festa que foi até o final da noite, no Palestra: "Um, dois, três, o Corinthians é freguês."

JC – Eu mais contei que cantei: "Um, dois, três, já vai pra dezesseis". Eram então dezesseis anos sem títulos deles.

JEF – A festa da entrega das faixas foi logo na quarta-feira. Ganhamos da seleção de Gana por 3 a 1, no Palestra. O jogo foi marcado na segunda-feira . Era para ser Corinthians x Gana. O presidente deles, o deputado Wadih Helou, tinha programado para ser o jogo da entrega das faixas alvinegras. Só esqueceu um pequeno detalhe...

FG – Então, o Palmeiras resolveu "assumir" o amistoso. Quase que não teve jogo, que foi difícil encontrar os atletas, que estavam dispensados para curtirem o título.

NB – Não esqueço o time entrando em campo com nossa bandeira, a de São Paulo e a do Brasil. O Minguinho, chefe da torcida, entrou de fraque e uma máscara de periquito na cabeça.

JC – O mais aplaudido foi o César, que recebeu um prêmio pelo gol mais bonito do campeonato. Nem lembro qual! Foram tantos! Lembro de, no outro domingo, ter visto uma reportagem no programa da Hebe Camargo, no Canal 7, a TV Record. Ela gravou com todo o elenco, cantou, até pênalti bateu no Ademir da Guia. Ou foi o contrário?

JC – Lembro de vários artistas palmeirenses presentes na festa. Sergio Reis e Francisco Petrônio entregaram faixas para atletas. Foi uma alegria contra Gana.

NB – Era sempre uma festa o Palmeiras. Pelo que jogávamos. Pelo que os nossos rivais nos ajudavam.

JEF – Passados trinta anos, na Sala de Troféus, eu estava com o Ademir diante da taça de 1969, com alguns visitantes. Falei ao Divino: "Diga às pessoas como fez os dois gols da 'final' contra o Botafogo." Ele respondeu: "Você está enganado, não fiz nenhum gol." Fiquei quieto. Precisei mostrar a súmula, e, então, o Ademir me disse, com aquela humildade divina: "Ih! Esqueci!"

A segunda Academia

Palmeiras 0 x 0 São Paulo
Campeonato Paulista

Data: 03/09/1972
Local: Pacaembu
Renda: Cr$ 352.838,00
Público: 41.812
Juiz: Oscar Scolfaro
PALMEIRAS: Leão; Eurico, Luís Pereira, Alfredo e Zeca; Dudu (Madurga) e Ademir da Guia; Edu (Fedato), Leivinha, César e Nei
Técnico: Oswaldo Brandão
SÃO PAULO: Sérgio; Forlán, Samuel, Arlindo e Gilberto; Edson Cegonha e Pedro Rocha; Paulo Nani, Terto, Toninho Guerreiro (Zé Carlos) e Paraná (Wilton)
Técnico: Alfredo Ramos

FERNANDO GALUPPO – O Palmeiras precisava vencer o São Paulo na decisão do Paulistão de 1971. Perdia por 1 a 0. Aos 23 do segundo tempo, nosso lateral Eurico cruzou a bola na cabeça do Leivinha. O maior cabeceador que vi jogar mexeu os braços como sempre fazia para dar mais força e direção na testada. Saiu um tiro que fulminou o melhor em campo – o goleiro são-paulino Sérgio. O Palmeiras empatava no Morumbi. Ainda faltaria um gol para buscar o título paulista de 1971.

JOTA CHRISTIANINI – O bandeirinha Dulcídio Boschillia correu para o centro. Os jogadores do Palmeiras celebravam o gol. O volante Edson Cegonha não reclamou. Até porque ele puxara a camisa de Leivinha um pouco antes da cabeçada. Seria pênalti. Mas, como foi gol, seguiu o jogo.

JOSÉ EZEQUIEL FILHO – Mas não foi gol! Quer dizer, foi gol. Só que o árbitro Armando Marques anulou. Alegou que Leivinha havia usado os braços para fazer o gol!

JC – São mais de quarenta anos. Até hoje, eu não admito aquele erro. Eu e o Leivinha.

JEF – Você, o Leiva, a torcida do Palmeiras e qualquer um que tolera erros humanos de arbitragem. Mas não aquele desumano. De um árbitro que o São Paulo não queria que apitasse. E nós fizemos questão: ele tinha de ser o juiz...

FG – Teve mais confusão no final. Aos 44 minutos, a bola saiu pela lateral, e um torcedor são-paulino que havia invadido o gramado (ou ainda pior, estava lá havia tempo, sentado em um banquinho) deu um bico na bola em direção à arquibancada. O nosso goleador César ficou ainda mais Maluco e correu atrás do torcedor – que era um psiquiatra. Juro por Freud!

JC – O César derrubou o psiquiatra. Eurico e o atacante Fedato o agrediram. Ele conseguiu se livrar e quando tentava fugir por um dos túneis, ainda levou mais uns tapas do Luís Pereira e Leão.

JEF – Acabaram expulsos o Eurico e o Fedato. Assim como o nosso médico Nelson Rossetti e o preparador físico Santo Baldacin. Eles por terem xingado o Armandinho.

NB – Nove minutos depois, o jogo acabou. Perdemos por 1 a 0. Precisávamos da vitória. Não deu. E não dava mesmo para vencer o ótimo time deles, que acabou bi paulista de 1970-71. Bem dirigido pelo nosso eterno mestre Oswaldo Brandão. Bem conduzido pelo ex-presidente tricolor: Laudo Natel. Ele era o governador do Estado. Indicado pela ditadura militar. São-paulino que até no treino da véspera esteve presente, no Morumbi. Ao lado do chefe da Casa Civil do governo indicado pelos militares: Henri Aidar. O sucessor de Laudo na presidência do São Paulo.

JEF – Não tinha como vencer. O governador simplesmente se sentava em um banquinho do lado de fora do gramado. Chegava sempre com o jogo em andamento, apenas para ser notado. Nem Mussolini fazia isso durante o fascismo. Não que Laudo Natel interferisse diretamente na tabela, nos resultados, não era isso. Mas um governador em período de AI-5 no gramado...

JC – Sem contar os torcedores que, naquela final de 1971, invadiram o campo e ficaram do lado da linha lateral. Ou estavam por lá fazia um tempo. Parecia várzea. O pior é que o policiamento nada fazia para coibir. A arbitragem deixava o jogo seguir. E o representante da Federação não colocou absolutamente nada no relatório do jogo. Não consta na súmula que o psiquiatra e outros tantos estavam do lado do gramado.

NB – Perdemos o jogo, a cabeça e o Paulistão de 1971. Mas começamos a montar a Segunda Academia em seguida. Em novembro de 1971, chegaram ao Palmeiras Oswaldo Brandão e o preparador físico Helio Maffia, campeões pelo São Paulo. No começo de 1972, em um torneio que vencemos em Mar del Plata, no empate com o Boca Juniors, o Palmeiras escalou pela primeira vez Leão; Eurico, Luís Pereira, Alfredo (que voltara de empréstimo do América de Rio Preto) e Zeca; Dudu e Ademir da Guia; Edu, Leivinha, César e Nei (que chegara da Ferroviária). A escalação que era rima e seleção. A Segunda Academia do Palmeiras e de Ademir da Guia.

JEF – Depois de faturar o troféu na Argentina sem derrotas, ganhamos também invictos o Torneio Laudo Natel (olha a excelência novamente – a do governador e a nossa).

NB – Só fomos perder um jogo em 1972, em junho, na Argélia, contra a seleção da África do Sul. Foram 35 partidas sem derrota. Partida oficial só perdemos em setembro, na estreia do Brasileirão que também venceríamos, em dezembro.

FG – Perdemos apenas cinco dos oitenta jogos que fizemos em 1972. O time voava em campo pelo trabalho do professor Maffia. O Ademir explicou no livro do Mauro Beting, da Maquinária Editora, *Os dez mais do Palmeiras*. O Divino tinha pouco peso e saía muito cansado dos jogos até 1972. Ganhou mais corpo, ficou mais resistente e veloz com a nova preparação. Ele e o Dudu.

JC – Até porque a concorrência era maior com a chegada do Madurga ao elenco. O ótimo meio-campista argentino (titular da seleção *albiceleste*) havia sido contratado para atuar no lugar de um dos dois. Acabou curtindo banco daquela dupla verde e branca que foi nossa de 1964 a 1976.

JEF – Tão bons eram Dudu e Ademir e seus nove companheiros que o Palmeiras conquistou todos os torneios que disputou no ano do Sesquicentenário da Independência do Brasil, em 1972.

NB – No Paulistão fomos campeões invictos. E com o vice-campeão também invicto. Mais uma vez, impedimos o tri estadual do São Paulo. Como havíamos feito em 1947 e em 1950.

FG – Ganhamos quase tudo e não perdemos em campo em 1972. Também não perdemos mais fora dele. A diretoria agiu bem e impediu que mais uma manobra de bastidores jogasse a partida decisiva contra o São Paulo para o Morumbi. Um campo nada neutro naquela época.

JC – Batemos o pé pelo nosso mando. E pela arbitragem brasileira, ainda que escalada por sorteio.

JEF – O São Paulo chegou a enviar ofício para a Federação Paulista protestando contra o fato de o Palmeiras exercer o próprio mando... Olha só! Era turno e returno, pontos corridos, e o São Paulo querendo praticamente inverter o mando do jogo decisivo de 1972! Eles queriam mais renda (e pressão), já que no Morumbi caberiam quase 140 mil pessoas. Lembrando que, à época, a capacidade do Pacaembu era para 70 mil pessoas.

JC – Nosso presidente Paschoal Giuliano publicou anúncio de página inteira no dia do jogo justificando a escolha do estádio como respeito ao mando de jogo. O texto estava escrito em cima da foto do gol anulado do Leivinha em 1971. Tinha uma frase no anúncio que devia servir a todos os nossos dirigentes, em todos os tempos: "As rendas passam, os títulos ficam."

NB – O César disse que jogaria até no Palestra vazio, sem torcida. Mas preferia mesmo estar mais perto dos palmeirenses, no Pacaembu. O mesmo dizia Leivinha. Não queríamos perder um título pelo extracampo.

ANGELO – Nonno, isso é assim em todo lugar. Já teve muita baixaria também no Palestra...

NB – Concordo. Mas estava sendo demais naquela época. Era melhor perder uma renda de mais de um milhão de cruzeiros no Morumbi a perder um campeonato.

JEF – Quem vencesse o Choque-Rei seria campeão estadual de 1972. Invicto! O empate era nosso. Tínhamos um ponto a mais. Eles não tinham mais Gérson, o grande Canhota do Brasil de 1970. Ainda eram ótimos. Mas éramos melhores. O Palmeiras tinha o melhor ataque do campeonato. E a nossa defesa só era mais vazada que a do São Paulo. Também tínhamos um dos craques deles em 1971 – Brandão. Ele era o nosso comandante agora. Lutando pelo 33o título da carreira que começara justamente com o Paulistão de 1947. Impedindo outro tri deles.

NB – Começamos atacando para o gol de entrada do Pacaembu. César perdeu de cabeça a primeira chance. Pela direita do ataque deles, Paulo Nani e Terto a todo momento trocavam de posição no 4-2-4 tricolor. Pedro Rocha, um senhor jogador, que depois jogaria alguns meses pela gente, em 1979, recuava para armar. Mas em cima dele estava Ademir da Guia. Não apenas nosso maior de todos. Também um dos melhores marcadores que vi. Uma aula técnica e tática para todos de todos os tempos. Ademir fez uma partida notável. Armando nosso jogo e desarmando o deles. Só no posicionamento. Só na categoria. E contra um craque como Pedro Rocha.

FG – O São Paulo teve algumas chances no primeiro tempo. Logo no começo, Toninho Guerreiro quase fez de virada, numa confusão entre Leão e Eurico.

NB – Poderíamos ter aberto o placar a quatro minutos. O árbitro Oscar Scolfaro (sorteado pela FPF) inventou de marcar uma obstrução do violentíssimo Forlán em Nei. A primeira das 935.938 faltas que ele fez em nosso ponta-esquerda. Era um lance claríssimo de pênalti e o árbitro inventou um tiro livre indireto dentro da área... César bateu a falta e não levamos sorte. Mas também não levamos sufoco depois. Com Brandão, a segunda Academia marcava muito bem. Lá na frente. Com a bola, era um time que cadenciava o jogo com imensa categoria. Ao ritmo de chumbo do Divino (como escreveu João Cabral de Melo Neto).

JEF – Mas o Ademir também sabia fazer o jogo duro. Teve uma vez que ele entrou tão duro no Forlán que rasgou a chuteira do lateral tricolor. Aos 8 minutos do Choque-Rei de 1972, ele deu uma no Paraná de dividir o estado ao meio...O jogo estava pegado, em um gramado seco e muito ruim. Paulo Nani deu no César e o árbitro nada fez. Quem não deixou o Pedro Rocha jogar foi o Ademir, na frente, e o Luís Pereira, lá atrás. Que partida do Luisão! O que é redundância.

NB – O Pedro Rocha deu um drible da vaca no Ademir. Acredite. Mas o Alfredo Mostarda, de novo, fez uma antecipação sensacional. Não por acaso, jogou a Copa de 1974 pelo Brasil. Eram seis palmeirenses entre os 22 canarinhos.

FG – Aquela foi a primeira grande conquista da Segunda Academia. Um time que cadenciava o jogo, mas que tinha a velocidade de Edu e Nei, pelas pontas, e César saindo mais da área e fazendo parceria com Nei.O Edu jogou bem, mais uma vez. Mas o titular da ponta direita era o Ronaldo. Machucado, não pôde jogar. Só faria história em decisão estadual em 1974. E como fez!

NB – O São Paulo equilibrou o clássico a partir dos 20 minutos. Respondemos mais na pancada que na bola. Luís Pereira levantou o Terto aos 22 minutos. Era para cartão amarelo. Como poderia ter sido vermelho para o Dudu logo depois. Nas palavras dele, o ótimo velhinho deu uma "chanfrada" no Terto, que estava jogando muito. A falta foi no meio-campo, aos 26 minutos. O Terto levantou rápido. O Dudu ficou no chão. Ele caíra com as costas no calcanhar do meia-direita tricolor. O Ademir pediu para ele levantar, como sempre fazia. "Vamos, velhinho, não faz cera. Deixa de frescura. Vamos pro jogo!" Só que não era cera do Dudu.

JC – Em 28 segundos, ele levantou. Até porque o São Paulo foi pro jogo e quase fez gol. Respondemos rápido e só não fizemos o nosso por que Forlán salvou em cima da linha uma conclusão do César.

JEF – O Dudu seguiu na raça, com o braço esquerdo preso ao corpo. O Brandão e o doutor Nelson Rossetti pediram a ele para respirar fundo e abrir os braços.

NB – Para quê...

JEF – O Dudu disse que só lembra de ver o Pacaembu dando voltas em torno dele. Ele desabou no gramado, aos 34 minutos. Desmaiou. Foi tirado de maca e entrou o Madurga para fazer a do Ademir. Quem teria de segurar a bronca do Dudu na sua ausência seria o próprio Divino.

NB – Ele teve de correr e marcar ainda mais pelo Dudu. Ele se multiplicou por ele, pelo Dudu e pelo Palmeiras. O primeiro tempo quase acabou com um gol do Edson para eles, e outro certo para nós, com o Leivinha. Mas terminou mesmo com o Alfredo, aos 44, dando um chapéu no Toninho e outro no Terto.

FG – Ainda teve um gol absurdo perdido pelo César, depois de falha do Samuel, que seria nosso zagueiro campeão paulista em 1976. E que só jogou naquela tarde de domingo porque conseguira liminar para atuar. E na Justiça comum... Samuel havia sido expulso e não cumpriu a tal suspensão automática. Que não era nem suspensão e muito menos automática.

JC – No segundo tempo, o Paulo Nani mandou de canhota no travessão, logo de cara. O São Paulo começou melhor. Mas eles não tinham Ademir. Aos 10 minutos, o Divino desarmou o Toninho Guerreiro com uma categoria que só vendo. E ainda não acreditando.

JEF – Pelo alto, todas foram do Luís Pereira. Fora o chapéu que ele deu no Pedro Rocha! Quando tínhamos a posse de bola, a ordem do Brandão era esticar logo para o Edu e Nei. Abusamos da ligação direta. Também quando entrou o Fedato, na ponta direita, aos 22 minutos. A partir de 1972, esse atacante foi um talismã que sempre entrava e fazia gols importantes para nós.

NB – Pela técnica e experiência, fomos cozinhando o rival e esfriando o jogo. O técnico deles, Alfredo Ramos, foi infeliz ao sacar o Toninho Guerreiro, na metade final do jogo. Praticamente, não tivemos nenhuma chance de gol. Eles também não. Nossa última finalização foi aos 45 minutos. O César levou meia hora pra bater a falta. E, de propósito, chutou a bola quase além do tobogã. Era mais uma cera que fizemos. O que irritava os rivais que já estavam bravos com o árbitro que parava o jogo por tudo. Melhor pra nós que só esperávamos o apito final para começar a festa de todos os palmeirenses pelo 16º estadual. Quando ultrapassamos o Corinthians em conquistas estaduais.

JC – Festa de todos, não. Menos um. O Dudu. Um dos maiores de todos!

FG – Pois é. Quando ele saiu de maca, foi direto para o hospital São Camilo, na zona Oeste. Ali foi constatada a fratura de duas costelas! Ele ficou em campo com duas costelas fraturadas por quase dez minutos. A dor era tamanha que ele desmaiou no vestiário. Quando recobrou a consciência, no hospital, foi um pouco antes de o médico ligar o radinho de pilha para ouvir o final do clássico. E quase ouvir o final do sonho. Aos 42 minutos, confusão na nossa área, o Terto pegou um rebote e bateu de canhota. A bola raspou a trave esquerda de Leão.

NB – Eu vi a bola dentro no estádio.

JEF – Ainda hoje, quando vejo este lance, me assusto, achando que bola vai entrar.

NB – Mas ela não entrou. O título era nosso!

JEF – A partir do Pacaembu, com a banda do maestro Gino fazendo barulho, fomos até o Parque Antárctica. O ônibus da delegação foi escoltado por milhares de torcedores em uma verdadeira procissão! Emoção maior por ser o primeiro título dos "meninos" da Pompeia que fundaram a Torcida Uniformizada do Palmeiras, a TUP, em 1970.

NB – No fim do ano, teria mais carnaval. Venceríamos o Brasileirão contra o Botafogo. Em novo empate por 0 a 0. Como seríamos bi brasileiros em 1973, de novo contra o São Paulo, no Morumbi. A Segunda Academia fazia o que bem queria. Nem gol precisava fazer para manter a hegemonia em São Paulo e no Brasil.

FG – O empate sem gols na final do Paulistão de 1972 era o palpite do goleador do Palmeiras. O César cravou 0 a 0 na véspera. Assim se fez. Acho que ele perdeu aqueles dois gols feitos só para acertar o palpite que fizera... Sem contar o lance que o César driblou Samuel e Sérgio e só não fez gol por que o Scolfaro inventou uma falta qualquer, aos 29 do segundo tempo! O Maluco merecia fazer o gol do título, como fizera os gols do Robertão de 1967!

ANGELO – Vocês só veem erros de arbitragem contra o Palmeiras!

FG – Futebol é assim. Ou pior, torcedor é assim! Na dúvida, era só perguntar pro diretor de futebol deles, o Manoel Poço. Ele disse que estava tudo encomendado pelo Palmeiras em 1972. Que havíamos trabalhado direitinho...

JC – E ele também. Quando em 1971 demitiu o Brandão. O nosso treinador campeão em 1972. Bicampeão por conta do próprio Poço. Grande Brandão. Supercampeão paulista em 1959. Campeão em 1947 e 1972. Bi brasileiro em 1972-73.

JEF – Campeão paulista de 1974. Não o maior título dele. Mas o melhor.

Ademir da Guia foi meia e depois volante contra o São Paulo, marcando Pedro Rocha e dando um pé mais atrás

Zum-zum-zum...

Palmeiras 1 x 0 Corinthians
Campeonato Paulista

Data: 22/12/1974
Local: Morumbi
Renda: C$ 2.311.658,00
Público: 120.522
Juiz: Dulcídio Wanderley Boschillia
Gol: Ronaldo 69'
PALMEIRAS: Leão; Jair Gonçalves, Luís Pereira, Alfredo e Zeca; Dudu e Ademir da Guia; Edu, Leivinha, Ronaldo e Nei
Técnico: Oswaldo Brandão
CORINTHIANS: Buttice; Zé Maria, Brito, Ademir e Wladimir; Tião e Rivellino; Vaguinho, Lance, Zé Roberto (Ivan) e Adãozinho (Pita)
Técnico: Sílvio Pirilo

ANGELO – Você morre de medo de ver os jogos do Palmeiras. Mas sempre esteve lá. Teve alguma vez que você temeu pelo pior?

NONNO BEPPE – Eu sempre acredito no Palmeiras. Nem sempre em quem o defende. Nunca em quem o ataca. Mas teve vezes que eu duvidei do Palmeiras e de Deus. Sei que é pecado. Não acredito que tivesse duvidado do meu time. Como na decisão do Paulistão de 1974. Justamente contra eles que não venciam um estadual desde 1954!

ANGELO – Eles ficaram vinte anos na fila?

JOTA CHRISTIANINI – Ficariam 22. E, naquele domingo cinzento, ficaram 21. Tanto que os menos de 20 mil palmeirenses que não chegaram a 20 por cento dos presentes no Morumbi gritavam "Zum-zum-zum, é o 21". Vinte e um anos sem títulos. Muitas coisas eu não sei. Não sou Ademir da Guia para saber tudo e ainda ter a humildade dos que nada sabem. Mas sei que vai demorar 21 séculos para eles devolverem as derrotas de 1974 e 1993. Isto é: deixamos nossos rivais na fila, em 1974, e acabamos com nosso jejum em 1993. Eu não vou ver coisa igual. Seus netos também não.

ANGELO – Mas você foi ao estádio, Nonno?

NB – Não... E me envergonho disso. A segunda Academia precisava de nossa ajuda. Embora, de fato, aquele time só precisasse da bola para nos fazer felizes. E infelizes os adversários.

JC – Quando acabou a decisão, 1 a 0 para nós, gol do mais importante Ronaldo da história do dérbi, o que se ouviu saindo do Morumbi foi uma silenciosa procissão. Nenhum torcedor deles xingou a equipe que continuou na fila. Só se ouviam os barulhos dos passos arrastados pelas ruas do Morumbi. Nem mesmo nós celebramos. Respeitamos a dor alheia. Posso imaginar como deve ser difícil saber perder. Mais ainda como deve ser insuportável perder para nós. Não só pela qualidade de nosso time. Também pelo que somos insuportáveis [risos].

JOSÉ EZEQUIEL FILHO – Mas, no Palestra, fizemos uma bela festa, aos gritos da época (ou de sempre): "Um, dois, três, o Corinthians é freguês!" E um que era básico de todos os times, então: "Olê, olê, olê, olá, o Palmeiras tá botando pra quebrar!" Além das sempre necessárias cobranças contra jornalistas e imprensa, que mais enchiam a bola do rival que propriamente analisavam o que se sabia antes mesmo de ela rolar: que a Segunda Academia era muito mais time que qualquer equipe em São Paulo, para não dizer no país. Tínhamos sido bicampeões nacionais em fevereiro daquele ano e base – burramente não utilizada – da seleção quarta colocada na Copa do Mundo de 1974. Como não éramos os favoritos, mesmo com todo o respeito ao rival e à imprevisibilidade do futebol?

FERNANDO GALUPPO – O que aconteceu na imprensa lembra muito o espírito de 1993, no Paulistão, quando saímos do nosso jejum. E, também, o clima dos confrontos pela Libertadores, em 1999 e 2000. Sei que somos meio cabreiros, desconfiados, até com complexo de perseguição em relação à mídia. Mas é que, com a gente, muitas vezes, eles perdem a medida. Fazem média com quem dá mais ibope. Não necessariamente mais títulos.

ANGELO – Eles tinham um bom time? O Rivellino era um craque, né?

NB – Não fosse uma infelicidade, quando ele mal foi testado na nossa base, poderíamos ter um time com Dudu, Ademir da Guia e Rivellino desde a primeira Academia, em 1965... Imagine? Ele era muito palmeirense. Mas virou torcedor deles. Mesmo jogando dez anos e não ganhando um título, ele foi – tecnicamente – o melhor jogador da história alvinegra. Mas, pensando bem... Onde jogaria o Servílio na primeira Academia com o Rivellino? Onde poderia atuar o Leivinha na segunda? Melhor assim. Ele não fez falta. E, na final, pelo primeiro combate do Leivinha no campo deles, pela marcação absurda do Dudu quando o Rivellino avançava, ele pouco pôde fazer. Ele também atuou mais recuado, meio preocupado com a instabilidade defensiva deles.

JEF – Sofremos no primeiro jogo da final. Empate por 1 a 1. O Edu fez 1 a 0 no primeiro minuto, o Lance empatou para eles aos três. Nos outros 87 minutos, os caras ficaram dentro da área do Leão.

ANGELO – Eles tinham um bom time?

NB – Sim. Zé Maria, Brito, Ademir e Wladimir era uma zaga de selecionáveis. Vaguinho era um ponta perigoso, Adãozinho fechava bem o meio, Zé Roberto fazia seus gols. Mas eles não eram melhores que a Segunda Academia. Mesmo com o Rivellino, que jogava muito, embora, como todo o time, não tenho feito uma boa final, e acabou sendo o gavião expiatório e foi negociado no mês seguinte com o Fluminense.

JEF – Eles tinham ganhado o primeiro turno também porque seis dos nossos jogadores tinham ficado mais de três meses sem jogar regularmente, servindo a seleção na Copa de 1974. O Leivinha se lesionara no início do Mundial. Fora os titulares Leão e Luís Pereira, Alfredo, César e o Divino Ademir da Guia pouco jogaram pelo Brasil. Na volta dessa turma, ficamos apenas na quinta colocação no turno. No returno, com a equipe recuperada fisicamente pelo professor Maffia, voltamos ao normal. Ganhamos oito dos treze jogos, não perdemos, goleamos por 4 a 1 na última rodada o time deles e chegamos à decisão como campeões do returno.

ANGELO – Era aquela equipe que você diz que é uma rima que é uma seleção: Leão; Eurico, Luís Pereira, Alfredo e Zeca; Dudu e Ademir da Guia; Edu, Leivinha, César e Nei?

NB – Quase essa. O Jair Gonçalves foi o lateral direito na finalíssima. Nosso técnico optou pelo versátil volante no lugar do Eurico, que sentira lesão na coxa – embora tivesse sido oficialmente liberado pelo médico Naércio Santos. Desse modo, o Jair acompanhava o Adãozinho até o meio, encurtando o espaço do Rivellino. No comando de ataque, sem o César, jogou o Ronaldo. Primo do Tostão, primeiro tricampeão brasileiro consecutivo (1971 a 1973). No mais, aquela seleção: os laterais guardando mais a posição, Alfredo pegando o Zé Roberto,

Luís Pereira sobrando na zaga e chegando ao ataque com a cobertura do Dudu – também de olho no meia-direita Lance; Ademir da Guia regia a orquestra, com Edu e Nei voando pelas pontas, Ronaldo no comando de um ataque que tinha qualidade no chão e no céu com o Leivinha, espetacular no jogo aéreo.

JEF – O Ronaldo e o Leivinha se mexiam muito, trocavam bastante de posição. Fizeram uma dupla quase tão boa quanto a célebre Leivinha e César. O Maluco que estava fora do time e que acabou sendo negociado com o Corinthians logo depois. Uma pena para todos. Mas o Ronaldo foi muito bem. Teve um lance que ele recebeu a bola em posição aparentemente legal, no final do primeiro tempo, que podia ter dado em gol. No finalzinho do jogo ele marcou outro – absurdamente anulado por impedimento. Sorte que não precisamos de mais um gol dele. E ele não jogou 100 por cento fisicamente. O Ronaldo havia deixado o campo com problemas, na primeira decisão, no Pacaembu.

NB – Nossos jogadores se sentiam melhores no gramado do Morumbi, em melhor condição (ou menos pior) que o do estádio municipal. Isso também favoreceu o estilo mais técnico e cadenciado da Segunda Academia. Outra vantagem que tivemos para uma partida que poderia ser decidida nos pênaltis. Mas que, mais uma vez, evitamos. Embora, como bem sabemos, isso também não seria problema no futuro.

FG– No intervalo, o Sílvio Pirilo, treinador deles, tirou o Adãozinho e colocou o Pita na ponta esquerda. O Jair não podia avançar mais tanto e tinha de ficar mais na marcação. O Corinthians voltou a atacar e criar mais chances depois de um primeiro tempo igual e amarrado.

NB – O Palmeiras, além de ter mais time, tinha menos pressão. Sabia fazer a hora e o jogo. Sabia que o favoritismo, a torcida no estádio e até nas tribunas de imprensa era pelos rivais. A Academia tratou, então, de dar aula de futebol. Tocando bola, fazendo seu jogo, não deixando o adversário fazer o dele. Ao ritmo do Ademir, cozinhamos os rivais. E matamos o jogo numa falta que o Luisão fez no Rivellino e o Dulcídio Boschilla não marcou. Na sequência do lance, lá da intermediária, Jair Gonçalves cruzou da direita, pro segundo pau. Leivinha ganhou de cabeça do Brito. Mas como ele estava distante do gol e desequilibrado, preferiu tocar para o Ronaldo, no meio da área. O atacante mineiro preparou o voleio e bateu de direita. O Buttice ainda espalmou. Mas não deu. Deu Palmeiras mais uma vez.

JEF – O Ademir nem celebrou. Basta ver a imagem do Canal 100. Ele vai andando olhando os companheiros fazendo festa no Morumbi calado. Depois ele disse que precisava reorganizar a marcação para garantir o resultado... É nada. Ele não precisava comemorar. Ele já sabia. Já sentia.

JC – Mas quem sentiu mesmo foi o Dudu!

NB – O gol do Ronaldo foi aos 24 do segundo tempo. Um pouco antes, uma falta na meia direita pro Rivellino. O Dudu estava na barreira, como homem-base. Ele viu o Lance livre e gritou pro Alfredo marcá-lo. Quando virou o rosto em direção à bola, ela já estava na bochecha dele. A patada atômica do Rivellino derrubava o velhinho. Seria nocaute para qualquer um. Menos para ele.

JEF – O Brandão entrou no campo para ajudar o Dudu, que estava desmaiado. Jogou éter num chumaço de algodão, enfiou na boca do seu volante, deu dois tapas na cara dele. O Dudu acordou com o gaúcho mandando ele levantar, chegar de "frescura", e ir pro jogo. Pouco mais de dois minutos e ele já estava em pé.

FG – E tinha mais!

NB – Logo depois teve outra falta pra eles. E quem é o primeiro cara a formar a barreira?

ANGELO – O Dudu? Sério?

NB – Claro! Mas, daí, o árbitro não deixou. O Boschillia berrou pra ele: "Sai daí, velhinho, que você ainda vai morrer disso! Vem pra barreira, Alfredo."

JEF – E o Dudu não queria sair de lá. E depois dizem que os caras do lado negro da força é quem tem raça, garra... Naquele momento, tive certeza: seríamos campeões. A nossa torcida começou a incentivar e eles se calaram. Até o final do jogo, só um grito no Morumbi... Palmeeeeiras!!!!

O mais decisivo Ronaldo da história do Dérbi bate de sem-pulo antes de Ademir impedir que o Palmeiras fizesse o gol da conquista do título de 1974, deixando o Corinthians mais um ano na fila

JC – Aliás, nesse jogo, o Dulcídio ameaçou expulsar o Ademir da Guia por reclamação, aos 38 do primeiro tempo. O Ademir! O Divino não abre a boca pra nada na vida. Mas, numa decisão contra nosso cordial rival, até ele fala. E só ele joga.

NB – Depois dessa, eles não tinham mais moral e força para nada. Nem futebol. A Academia fez o de sempre, fez o jogo e o tempo que quis, dominou a bola e o relógio, e foi mais uma vez campeã. Ganhando tudo. E de todos.

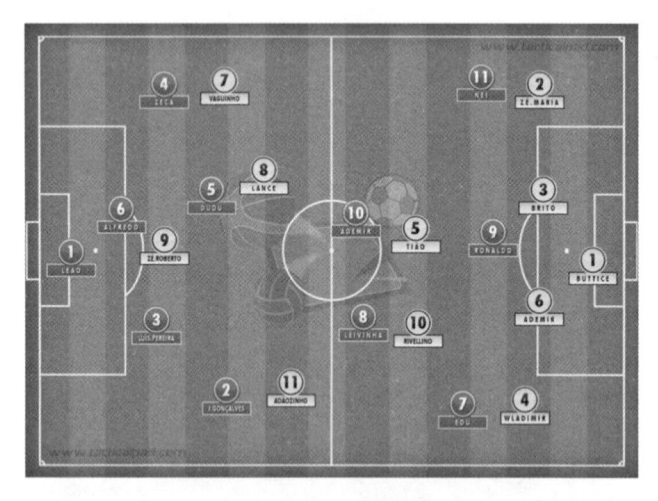

Leivinha marcou bastante Rivellino e ainda se juntou a Ronaldo no 4-3-3 campeoníssimo da segunda Academia palmeirense

GOLS ETERNOS

Palestra Itália 2 x 1 Paulistano
Gol de Forte (19/12/1920)

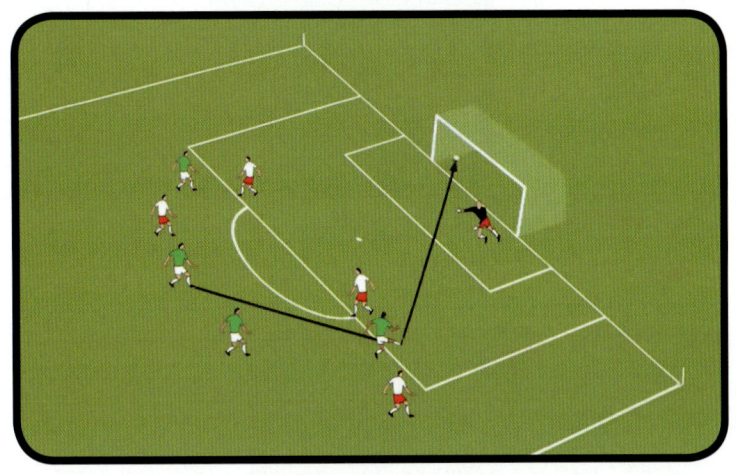

O artilheiro Heitor tocou para o ponta-direita Forte arrematar cruzado e marcar o gol do primeiro título do Palestra Itália

Palestra Itália 8 x 0 Corinthians
Gol de Gabardo (05/11/1933)

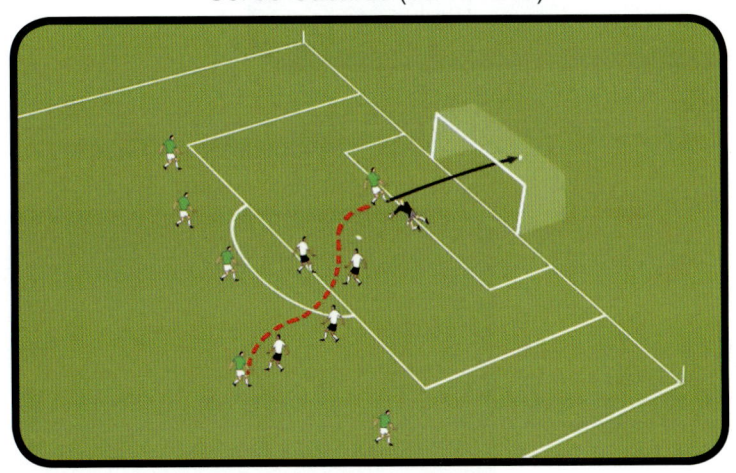

Gabardo fez o quarto dos oito gols do Palestra contra o Corinthians driblando praticamente toda a defesa alvinegra, deixando o goleiro Onça indefeso

Palmeiras 3 x 1 São Paulo
Gol de Claudio (20/09/1942)

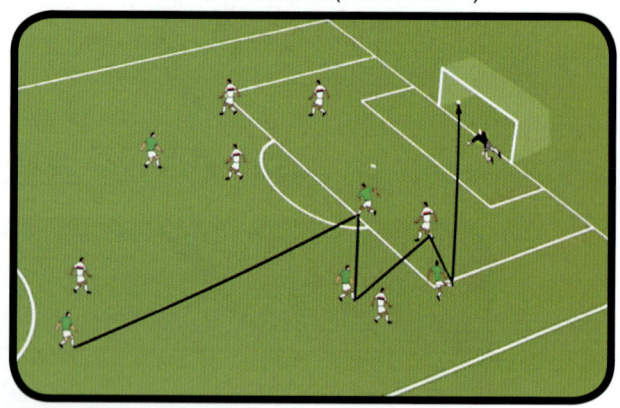

O primeiro gol do clube como Palmeiras. Og Moreira tocou para Etchevarrieta, que recuou para Waldemar Fiume cruzar; a zaga rebateu e, no rebote, Cláudio bateu cruzado, inaugurando o placar da decisão contra o São Paulo

Palmeiras 2 x 2 Juventus
Gol de Liminha (22/07/1951)

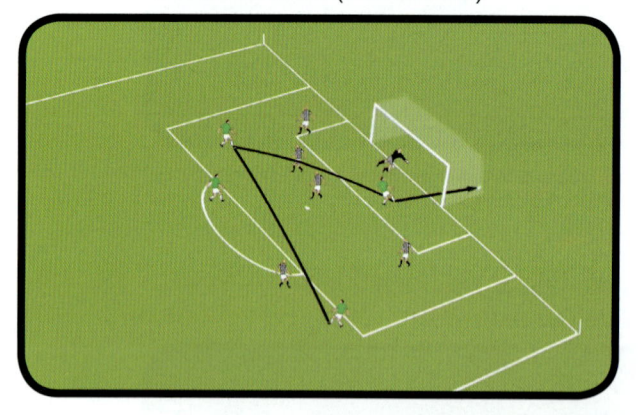

Túlio virou o lance para Rodrigues que tocou pra dentro para Liminha, que entrou com bola e tudo para empatar o jogo por 2 a 2 e garantir o título da Copa Rio de 1951

Palmeiras 2 x 1 Santos
Gol de Romeiro (10/01/1960)

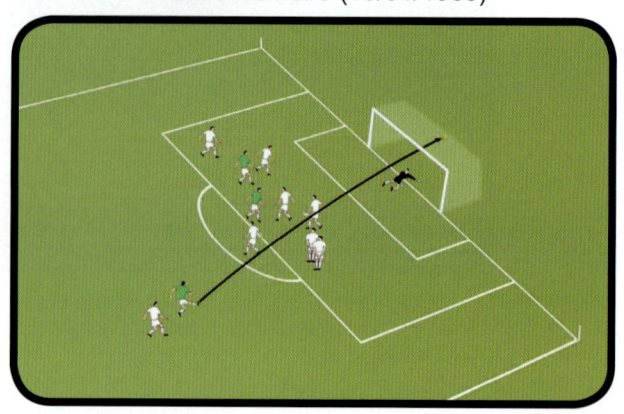

Romeiro bate falta da meia direita, com enorme efeito, e completa a virada do título do Supercampeonato de 1959, deixando o goleiro Laércio sem ação, no Pacaembu

Palmeiras 2 x 1 Internacional
Gol de Luís Pereira (17/02/1974)

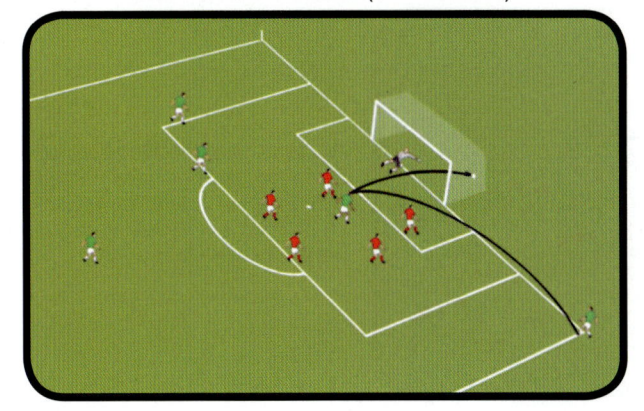

Segundo jogo do quadrangular decisivo do BR-73. Ronaldo bateu escanteio da direita, Luís Pereira subiu entre cinco colorados e fez o gol da virada, que acabaria sendo o do título de bi brasileiro de 1972-73, contra o Internacional

Palmeiras 1 x 0 Corinthians
Gol de Ronaldo (22/12/1974)

Jair Gonçalves cruzou da meia direita para o segundo pau. Leivinha ganhou de cabeça de Brito para Ronaldo emendar de voleio, se antecipando a Ademir. Buttice ainda espalmou, mas não conseguiu evitar o gol

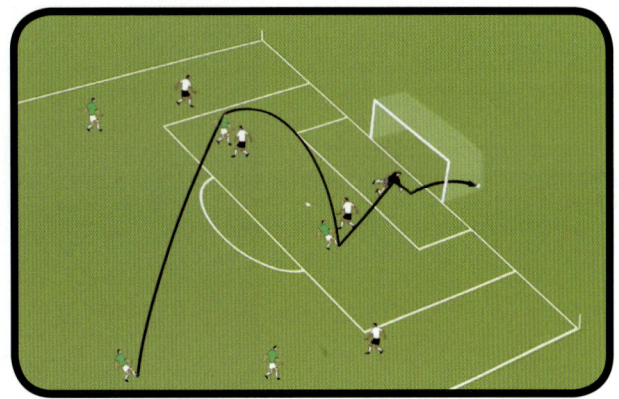

Palmeiras 5 x 1 Santos
Gol de Jorginho (18/11/1979)

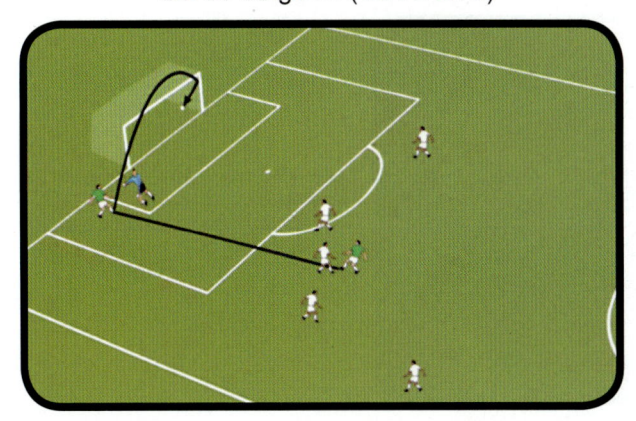

O quarto gol da goleada do grande time de Telê Santana no SP-79. Jorginho recebeu livre pela esquerda e, praticamente, sem ângulo, encobriu o goleiro País com um toque genial

Palmeiras 4 x 1 Flamengo
Gol de Pedrinho (09/12/1979)

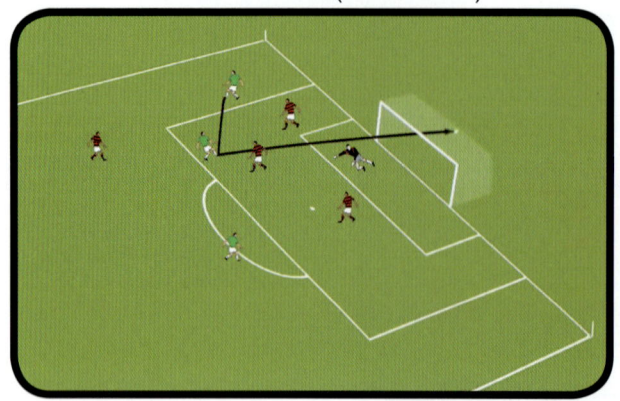

Pedrinho lançou de três dedos para Baroninho avançar pela esquerda e tocar de volta para Pedrinho bater de primeira e praticamente definir a grande vitória no Maracanã!

Palmeiras 3 x 0 Corinthians
Gol de Mirandinha (27/08/1986)

Aos 42 minutos do segundo tempo, Jorginho cruzou no segundo pau, Diogo cabeceou, Carlos deu rebote, e Mirandinha abriu o placar que levou o jogo à prorrogação

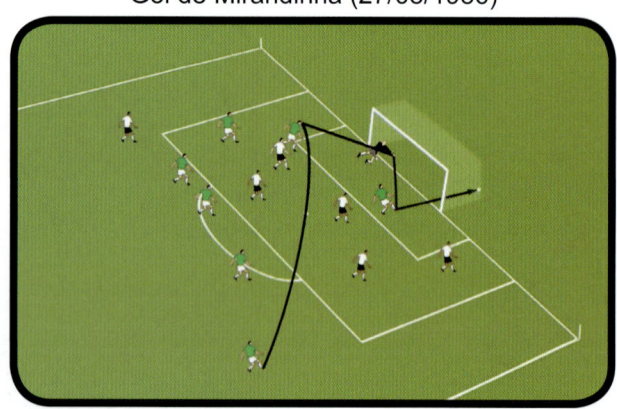

Palmeiras 4 x 0 Corinthians
Gol de Zinho (12/06/1993)

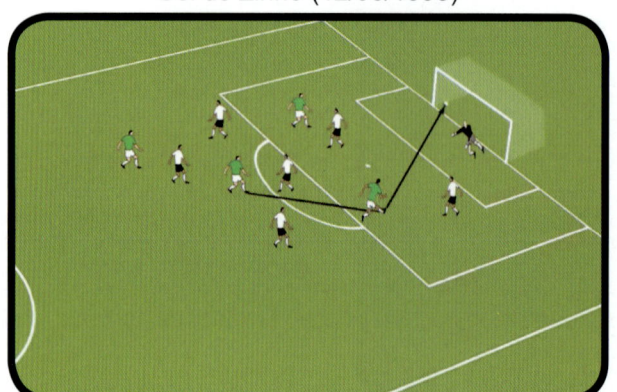

O gol que iniciou o fim do jejum de dezesseis anos. Evair tocou para Zinho limpar o zagueiro e bater cruzado, de pé direito, aos 36 do primeiro tempo

Palmeiras 4 x 0 Corinthians
Gol de Evair (12/06/1993)

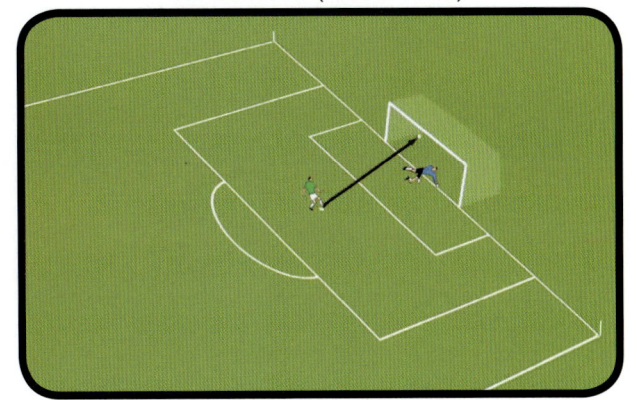

Só o Palmeiras saiu da fila ganhando cinco troféus em dezenove meses. Só o Palmeiras saiu da fila com o gol decisivo marcado de pênalti. Só o Palmeiras parou a bola para gritar é campeão. Só Evair para fazer de um pênalti um lance de craque

Palmeiras 3 x 2 São Paulo
Gol de Evair (01/05/1994)

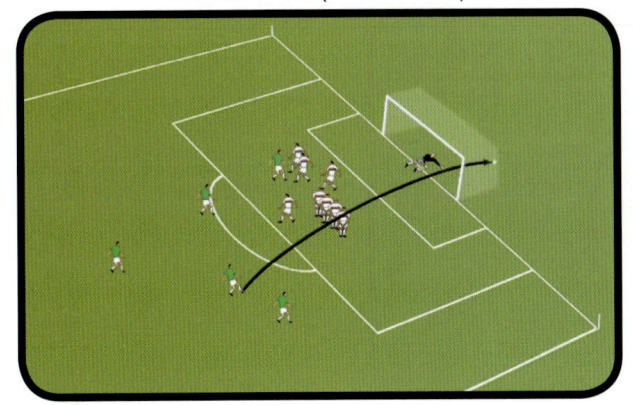

Evair fechou a virada contra o São Paulo, no Morumbi, que encaminhou a conquista do bi paulista, em 1994. O goleiraço Zetti não teve como evitar a cobrança cirúrgica, no canto esquerdo do goleiro

Palmeiras 1 x 1 Corinthians
Gol de Rivaldo (18/12/1994)

Antônio Carlos lançou Edmundo pela direita, que avançou no espaço vazio pela expulsão do lateral Branco, e rolou para Rivaldo sozinho empatar e dar o bicampeonato brasileiro de 1994 ao Palmeiras

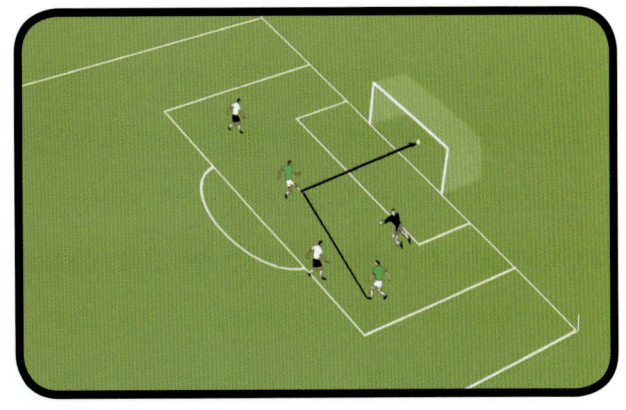

Palmeiras 2 x 0 Cruzeiro
Gol de Oséas (30/05/1998)

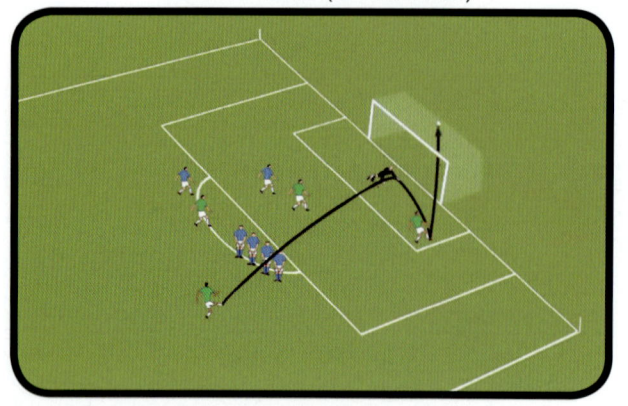

Zinho bate falta da meia direita, Paulo César dá rebote, e Oséas, praticamente, sem ângulo, chuta no alto do gol, dando o título da Copa do Brasil de 1998

Palmeiras 4 x 2 Flamengo
Gol de Euller (21/05/1999)

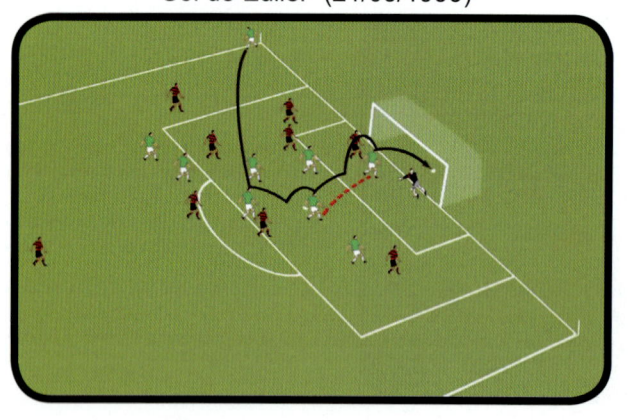

Uma das maiores viradas da história do clube graças aos dois gols finais de Euller. No decisivo, ele aproveitou de cabeça um bate-rebate de bolas espirradas nos próprios atletas palmeirenses

Palmeiras 3 x 0 River Plate
Gol de Alex (26/05/1999)

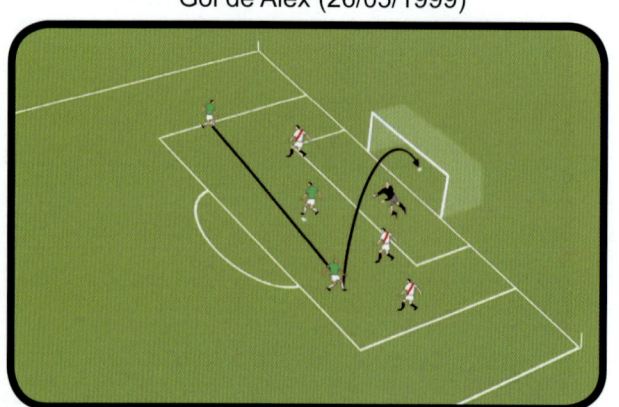

O terceiro gol da semifinal da Libertadores de 1999. Paulo Nunes escapou pela esquerda e cruzou para Alex, o craque do jogo, dominou e encobriu o goleiro do River Plate com um leve toque

Palmeiras 3 x 2 Corinthians
Gol de Galeano (06/06/2000)

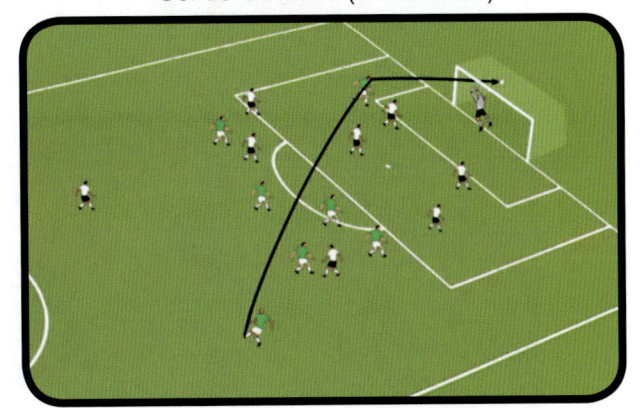

Alex bateu falta da meia direita, Adílson e Dida bobearam, e Galeano apareceu no segundo pau para virar o placar e garantir a vitória. A classificação à final da Libertadores viria nos pênaltis. Naquele de Marcelinho Carioca

Palmeiras 4 x 2 São Paulo
Gol de Alex (20/03/2002)

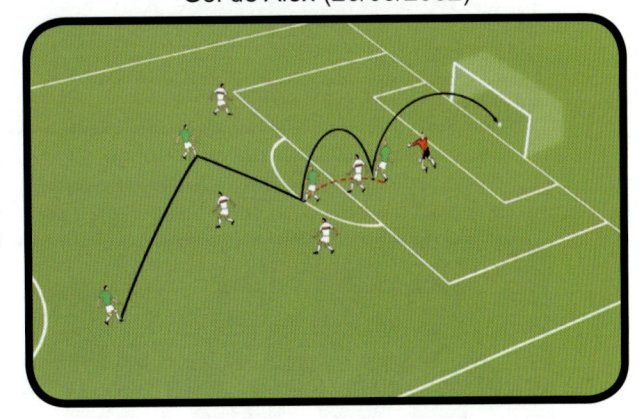

Alex recebeu até placa pelo gol que fez pelo Rio-São Paulo de 2002, na vitória por 4 a 2 contra o São Paulo. Ele chapelou o zagueiro Emerson e depois o goleiro Rogério Ceni antes de fazer o terceiro gol palmeirense, de voleio

Palmeiras 2 x 0 São Paulo
Gol de Valdivia (20/04/2008)

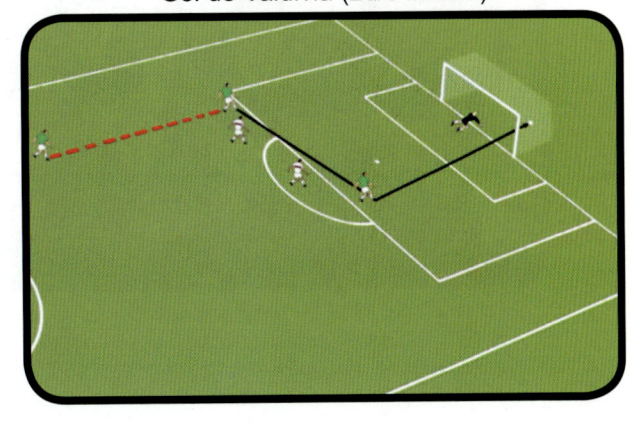

Wendel puxou o contragolpe aos 36 minutos do segundo tempo na semifinal do SP-08 contra o São Paulo. Ele avançou desde o meio-campo e tocou para Valdivia fechar o placar e ainda provocar Rogério Ceni na celebração

TIMES ETERNOS

Palmeiras de 1943: Junqueira, Gengo, Og Moreira, Osvaldo, Oberdan e Brandão (futuro treinador do time campeão paulista em 1947); Minguinho, Lima, Caxambu, Villadoniga e Pipi

Palmeiras de 1949: Turcão, Mexicano, Sarno, Túlio, Lourenço e Waldemar Fiúme; Guido (massagista), Harry, Canhotinho, Bóvio, Jair Rosa Pinto e Lima. A base da equipe que, a partir de 1950, ganharia as Cinco Coroas

Palmeiras de 1959: Djalma Santos, Valdir, Valdemar Carabina, Aldemar, Zequinha e Geraldo Scotto; Julinho, Nardo, Américo, Chinesinho e Romeiro. A equipe que, na melhor de três contra o Santos, venceu a última partida por 2 a 1 e foi supercampeã estadual

Palmeiras de 1963: Picasso, Servílio, Ademir da Guia, Julinho, Carabina, Djalma Dias, Vicente, Vavá, Gildo, Djalma Santos, Zequinha, Sílvio Pirilo (treinador), Ferrucio Sandoli (dirigente) e Arnaldo Tirone (dirigente). O time campeão paulista

Palmeiras de 1966: Djalma Santos, Valdir, Minuca, Djalma Dias, Zequinha e Ferrari; Gallardo, Ademar Pantera, Servílio, Ademir da Guia e Rinaldo. Conquista do Paulista daquele ano com a base da primeira Academia de 1965

Palmeiras de 1972: Eurico, Leão, Luís Pereira, Alfredo, Dudu e Zeca; Ronaldo, Leivinha, Madurga, Ademir da Guia e Nei. A equipe-base que foi campeã brasileira contra o Botafogo, três meses depois de conquistar invicta o título paulista

Palmeiras de 1993: Biro (massagista), Mazinho, Roberto Carlos, César Sampaio, Tonhão, Sérgio, Antônio Carlos e Zé Mário (preparador de goleiro); Edmundo, Daniel Frasson, Evair, Edílson, Zinho e Valmir Cruz (preparador físico). O time que em 12 de junho de 1993 terminou com 16 anos de fila contra o maior rival

Palmeiras de 1999: Arce, Marcos, Roque Júnior, Rogério, César Sampaio e Júnior Baiano; Paulo Nunes, Júnior, Oséas, Alex e Zinho. A equipe que, no Palestra Itália, venceu nos pênaltis o Deportivo Cali e foi campeã da Libertadores, depois de eliminar Olimpia, Cerro Porteño, Vasco, Corinthians e River Plate

CRAQUES ETERNOS

Filho do Divino Mestre Domingos da Guia, zagueiro de seleção nos anos 1930-40, o armador **ADEMIR DA GUIA** herdou apelido, dom, talento, categoria e elegância para ser o maior craque do primeiro centenário do Palmeiras. Chegou ao clube em 1961, depois de quase parar no Santos de Pelé. Estreou em 1962, virou titular em 1963, e só deixou a camisa 10 quando teve problemas respiratórios e teve de largar o futebol, em 1977. Em 901 jogos marcou 153 gols. É o que mais e melhor jogou pelo clube. É o terceiro artilheiro. Ganhou cinco nacionais e cinco estaduais

LUIS PEREIRA, o maior zagueiro de área direito da história do clube, titular da seleção na Copa de 1974, marcou 35 gols em 568 jogos. Chegou com dezoito anos do São Bento, em 1968. Só assumiu a titularidade em 1972, quando fez parte da segunda Academia do Palmeiras. Vendido com Leivinha em setembro de 1975 para o Atlético de Madri, depois do bicampeonato brasileiro e dois títulos paulistas (além do Robertão de 1969, quando era reserva), Luisão voltou ao Palmeiras em 1981, onde jogou até 1984, formando excelente dupla com Vágner Bacharel.

DUDU suou e jogou e sangrou e se quebrou em 609 jogos, de 1964 a 1976. Quando pendurou as chuteiras de volante aguerrido e também técnico, autor de 25 gols, em três meses assumiu a direção do time e foi campeão paulista de 1976. Ganhou cinco títulos brasileiros, um Rio-São Paulo, e três estaduais. Sempre ao lado de Ademir da Guia, com quem formou a mais emblemática dupla da história do clube, e, também, uma das mais famosas do futebol. Coração e pulmão tanto da primeira quanto da segunda Academia.

LEIVINHA, bi brasileiro em 1972-73, campeão paulista em 1972 e 1974, (autor de polêmico gol anulado na final do estadual de 1971), o meia-atacante veio da Portuguesa naquele ano e virou ídolo e jogador de Seleção rapidamente. Começou como titular da Seleção na Copa de 1974 até se lesionar. Um dos maiores cabeceadores da história do futebol brasileiro, deixou o Palmeiras em 1975 juntamente com Luís Pereira. Mas jamais deixou o clube com o coração que se tornou palmeirense nos quatro anos em que marcou 105 gols em 263 jogos.

JULINHO BOTELHO só não foi bicampeão mundial pelo Brasil por estar atuando na Fiorentina (em 1958) e estar lesionado (em 1962). Ponta-direita revelado pelo Juventus, estourou na Portuguesa (onde atuava quando disputou a Copa de 1954), brilhou na Fiorentina, até chegar ao Palmeiras, em 1958. Com Djalma Santos, a partir do ano seguinte, reviveu a ala direita histórica da Lusa. E fez ainda mais pelo Palmeiras, onde ganhou três estaduais, o Rio-São Paulo de 1965, e a Taça Brasil de 1960. Fez 81 gols em 269 jogos. É o maior ponta da história do clube.

MARCOS, o maior ídolo do século XXI do Palmeiras, um dos maiores de todos os tempos do clube (e não apenas dos palmeirenses), o goleiro São Marcos atuou apenas 532 vezes. É pouco para quem chegou em março de 1992, estreou em seguida, só jogou uma partida profissional em 1996, só virou titular absoluto em 1999, e se aposentou em janeiro de 2012. Várias lesões atrapalharam a sequência de jogos. Mas não a de títulos. Craque do time campeão da Libertadores de 1999, foi titular absoluto da Seleção na conquista do penta, em 2002.

EVAIR, o Matador, chegou ao Palmeiras em 11 de junho de 1991 prometendo acabar com o jejum de títulos. Dois anos e um dia antes de se tornar um dos maiores ídolos e centroavantes da história, ao ser o nome da conquista do Paulistão de 1993, na vitória de 4 a 0 sobre o Corinthians. Bicampeão brasileiro, bi paulista e campeão do Rio-São Paulo, ainda seria o primeiro reserva do time campeão da Libertadores de 1999, quando fez um dos gols. Marcou 127 gols em 245 jogos, de 1991 a 1994, e em 1999. É o sexto maior artilheiro do clube.

DJAMA SANTOS, um dos dez que mais atuaram pelo clube, bicampeão mundial em 1958 e 1962, o lateral-direito que chegou da Portuguesa em 1959 estreou já supercampeão paulista. Ganharia mais dois estaduais, um Rio-São Paulo, e três títulos nacionais (Taça Brasil de 1960 e 1967, e Robertão de 1967), até sair em 1968, depois de 498 jogos e 10 gols. Foi duas vezes vice-campeão da Libertadores, em 1961 e 1968. Único brasileiro a atuar pela Seleção da Fifa no jogo festivo pelo centenário da entidade, em 1963.

OBERDAN, goleiro do Palestra Itália, do Palestra de São Paulo e do Palmeiras, nasceu em 12 de junho de 1919. Casou no clube que frequenta desde que chegou de Sorocaba, em 1940. Atuou pelo Palmeiras até 1954, quando foi negociado (à revelia) com o Juventus. Conselheiro palmeirense, tem as enormes mãos perpetuadas em bronze na galeria de troféus. Campeão da Copa Rio de 1951, do Rio-São Paulo de 1951, e tetra estadual (1942, 1944, 1947 e 1950), atuou 351 partidas. Um dos maiores torcedores do Palmeiras entre os atletas do clube.

JAIR ROSA PINTO, campeão das Cinco Coroas em 1950-51 (duas Taças Cidade de São Paulo, o paulista de 1950, o Rio-São Paulo de 1951, e a Copa Rio de 1951), Jajá da Barra Mansa foi vice-campeão mundial pelo Brasil, no Maracanazo de 1950. Companheiro de time e ídolo de alguns dos maiores jogadores do Brasil (Zizinho e Pelé, entre eles), é um dos maiores armadores da história do futebol brasileiro. Dono de tiro potente com a canhota impressionante para pernas tão finas, fez 241 jogos de 1949 a 1955. Marcou 71 gols pelo Palmeiras. Muitos deles em cobranças de falta.

Vitória do Brasil

Flamengo 1 x 4 Palmeiras
Campeonato Brasileiro

Data: 09/12/1979
Local: Maracanã
Renda: C$ 8.227.830,00
Público: 112.047
Juiz: Carlos Sérgio Rosa Martins
Gols: Jorge Mendonça 11', Zico 54', Carlos Alberto Seixas 69', Pedrinho 76' e Zé Mário 89'
PALMEIRAS: Gilmar; Rosemiro, Beto Fuscão, Polozzi e Pedrinho; Pires e Mococa; Jorginho (Carlos Alberto Seixas), Jorge Mendonça e Baroninho; César (Zé Mário)
Técnico: Telê Santana
FLAMENGO: Cantarele; Toninho, Dequinha, Manguito e Júnior; Paulo César Carpegiani, Adílio (Beijoca) e Zico; Reinaldo (Carlos Henrique), Cláudio Adão e Tita
Técnico: Cláudio Coutinho

FERNANDO GALUPPO – Palavras de Márcio Braga, presidente do Flamengo, antes do jogo decisivo do quadrangular das quartas de final do Brasileirão de 1979. O time dele e do mito Zico receberia o jovem Palmeiras de Telê Santana, no Rio de Janeiro. Para o cartola, o Verdão iria "tremer" no Maracanã. Perderia o clássico e seria eliminado. Para não perder tempo (já que ganharia o jogo), Márcio Braga anunciou até a compra das passagens para Porto Alegre, para enfrentar o Internacional de Falcão. O cartola pediu aos rubro-negros que comprassem todos os ingressos no Maracanã, para deixar os quase 10 mil palmeirenses que vieram de São Paulo nos bares cariocas, "ouvindo pelo rádio a derrota do time que iria tremer para o Flamengo".

JOTA CHRISTIANINI – Só esqueceram de avisar que o Recreio dos Bandeirantes tinha esse apelido por causa do Palmeiras, que quase sempre se dera bem no Maracanã.

ANGELO – Mas vocês gostam de exagerar, hein?

JOSÉ EZEQUIEL FILHO – Quem extrapolou mesmo foi o cartola do Flamengo. Márcio Braga disse que seria a "maior zebra do Brasileirão" o time dele ser eliminado pelo Palmeiras. Claro que o Mengão era ótimo. Tinha Zico, Júnior, Claudio Adão, Carpegiani, a base do timaço campeão brasileiro seis meses depois, em 1980. E que seria campeão de tudo, até do mundo, em 1981.

FG – Aliás, é dever dizer: o Márcio Braga disse que o Flamengo ganharia a Libertadores e o Mundial. Só errou o ano. Disse que seria em 1980. Foi em 1981.

NONNO BEPPE – Ele menosprezou o time do Telê. O Flamengo de 1981-82 era demais. Inspirado no 4-2-3-1 que o Telê usou no Verdão. Aquele Flamengo foi o maior time que vi jogar depois do Santos de Pelé.

JEF – Maior time dos outros, né? E os nossos tantos Palmeiras de Academia e antologia?

NB – Vi times espetaculares. Vou contar alguns mais em nossa história. Mas, nos últimos quarenta anos, aquele time do Zico em 1981-82... Foi base da seleção do Brasil de 1982. Aquela que conquistou o mundo, mas não a Copa. Também no 4-2-3-1 que o Palmeiras usou em 1979.

FG – Não por acaso, Brasil de Telê. Que chegou à seleção em fevereiro de 1980 exatamente pelo grande trabalho que fez no Palmeiras no Paulistão de 1979 e no Brasileirão. Mesmo perdendo depois a semifinal para o Inter (que seria o campeão invicto), o time do Telê foi uma sensação. E foi nesses 4 a 1 sobre o Flamengo, num domingo de sol e show no Rio, que o Telê acabou ganhando um lugar de treinador na seleção. Substituindo justamente o também técnico do Flamengo, que acumulava o cargo.

NB – O Cláudio Coutinho era ótimo. Não foi feliz na seleção na Copa de 1978, mas montou a base daquele timaço rubro-negro. Destroçado pela equipe do Telê, que só não ganhou mais em 1979 por conta de manobra dos bastidores do presidente do Corinthians.

JC – Depois de vencermos os três turnos do Paulistão, não pudemos sacramentar o título estadual porque as semifinais foram adiadas para o final de janeiro de 1980, depois das férias. Nosso time perdeu o pique e, por tabela, o Paulistão de 1979 que seria nosso por merecimento. Também porque, nas semifinais estaduais, o Jorginho Putinatti, nosso meia, estava com a seleção de Novos...

JEF – Em fevereiro de 1980, o Telê assumiu a seleção, como treinador exclusivo. E nós entramos nos piores anos da fila. Castigo enorme pelo muito de futebol que jogamos no segundo semestre de 1979.

NB – Era um time típico de Telê. Em tese, uma equipe nota sete. Mas nas mãos e pelo trabalho do treinador, o time jogava uma bola nota nove. O próprio Coutinho enaltecia o Palmeiras. Dizia que era um time que praticava um futebol muito moderno, participativo, de movimentação e marcação intensa, e muitas jogadas preparadas de bola parada.

FG – Antes da partida contra o Flamengo, ainda no terceiro turno do Paulistão, vencemos Santos e Portuguesa por 5 a 1. Uma goleada atrás da outra.

JC – O Jorginho Putinatti, que viera do Marília, fez um gol antológico contra o Santos. Um toque por cobertura no País, goleiro deles, de arrepiar. Foi um golaço. Se fosse 8 a 1, não seria demais. Aliás, o certo seria 8 a 4. Porque o Santos não jogou mal. O nosso goleiro, o Gilmar, foi um dos melhores.

NB – O Jorginho Putinatti merecia ter sido campeão pelo Palmeiras. Foi o melhor desses tempos de fila. Baita jogador. Essencial naquele timaço que, depois de duas vitórias por 5 a 1 no Paulistão que acabou paralisado, venceu o terceiro jogo seguido por 5 a 1. No Morumbi, contra o Comercial de Ribeirão Preto. Partida válida pelo Brasileirão.

Carlos Alberto Seixas celebra o segundo dos quatro gols do Palmeiras que fizeram tremer o Maracanã e levaram Telê Santana para montar o grande Brasil da Copa de 1982

JEF – Naquele ano de 1979, o campeonato nacional foi disputado por 94 clubes! Uma bagunça. O São Bento foi o adversário seguinte no Brasileirão. Outro show. Goleamos por 4 a 0, no Pacaembu. Na partida decisiva daquela fase do Brasileirão, apenas um time se classificaria para a semifinal. O empate nos bastaria contra o Flamengo, no Rio.

NB – Eles eram tricampeões estaduais. Um senhor time. Mas estávamos jogando melhor. Gilmar estava muito bem na meta. Os laterais Rosemiro e Pedrinho atacavam muito bem. A zaga também era de seleção: Beto Fuscão e Polozzi (em fase de artilheiro). No meio-campo, Pires e Mococa marcavam, mas sabiam jogar. Jorginho, à direita, e Jorge Mendonça armavam e faziam muitos gols. Como o centroavante César e o útil Baroninho, pela ponta esquerda, mas que vinha de trás. Além do Carlos Alberto Seixas, de dezenove anos, ótimo meia-atacante, que era nosso primeiro reserva.

JEF – Todo mundo falava muito no Rio contra o Palmeiras. O supervisor Domingo Bosco disse que o nosso time só vinha goleando por jogar quase sempre contra equipes com um atleta a menos. Bosco disse que essa "mutreta não aconteceria no Maracanã"...

FG – Até aconteceu a tal da "mutreta". Nosso rival ficou com 10. Mas envergonhado. Quando já estava 3 a 1 para o Palmeiras, no fim do baile no Rio, o Coutinho colocou o centroavante Beijoca só para agredir um jogador nosso. O mais patético é que ele foi expulso ao dar uma cotovelada no Mococa. Não conseguiu levar nenhum jogador do Palmeiras na tramoia bisonha. Tentou agredir Baroninho e o ponta do Verdão só ficou olhando pra ele. A situação foi tão patética que, depois de agredir Mococa, Beijoca caiu no gramado e quebrou o dedo.

JC – Gilmar, Mococa, Jorginho e Carlos Alberto nunca tinham atuado no Maracanã. Estavam ansiosos. O capitão Pedrinho achava que seria ótimo para nosso time técnico e muito veloz atuar em um gramado grande e de qualidade. Seria melhor para o estilo refinado da equipe.

JEF – O Palmeiras vivia os melhores dias com Telê. Era só de quatro para cima. Até no coletivo de sexta-feira os titulares acabaram com os reservas por 4 a 0. Mas ninguém podia imaginar nova goleada no Rio. Muito menos o Flamengo.

FG – A *Folha de S.Paulo* escreveu bem no dia seguinte aos 4 a 1: "o mesmo silêncio de 1950". Como disse o imenso João Saldanha, no rádio, "foi um massacre paulista".

NB – Nosso show começou aos 13 minutos. César, ex-Bonsucesso, escapou pela esquerda em grande jogada e serviu Jorge Mendonça livre para marcar, na pequena área. 1 a 0 Palmeiras.

JEF – O Flamengo criou alguma coisa, mas perdeu as chances. O Verdão continuou jogando como se estivesse no Palestra. Aos 44, Jorginho fez todo o lance pela direita e serviu César livre, debaixo da trave. Ele pegou mal na bola e a jogou no travessão. Um dos gols mais desperdiçados da história do estádio.

NB – Mas o Palmeiras podia se dar ao luxo de perder gols depois de jogar no lixo a empáfia alheia. Na segunda etapa, o Flamengo veio melhor, e Zico sofreu pênalti de Pires, que o marcava muito bem. O próprio Galinho converteu, aos 9 minutos.

JEF – O Maracanã pegou fogo. Seria a hora de os verdinhos tremerem.

NB – Mas quem bambeou foi o adversário. Mais uma vez, uma exibição histórica do Palmeiras no Rio. No palco do título da Copa Rio de 1951, uma goleada para mudar o futebol brasileiro. Aos 24 minutos, César foi derrubado pelo zagueiro Manguito na ponta direita. Baroninho (que faria parte do Flamengo campeoníssimo de 1981) bateu forte para a área. Carlos Alberto Seixas (que substituíra Jorginho para deixar o Palmeiras mais contundente) enfiou a perna e desempatou.

JC – O Flamengo precisava vencer e perdia por 2 a 1. Até o Palmeiras ensaiar mais uma bela jogada bem trabalhada pelo Telê. O autêntico overlapping que tanto queria Coutinho no Flamengo e na seleção se viu no Maracanã. A triangulação entre lateral esquerdo e ponta-esquerda se deu entre Baroninho e Pedrinho. Até a pancada de canhota do lateral. Golaço aos 31 minutos. 3 a 1 no Maracanã em festa para 10 mil palmeirenses.

NB – Foi um dos gols que mais vibrei na vida. Foi uma das mais belas celebrações palmeirenses. O Pedrinho parecia um dos nossos vibrando. E era mesmo. Eu fiz como ele. Me ajoelhei na frente da TV e chorei muito.

JC – E olha que, para mim, teve um pênalti não marcado do Manguito no Jorge Mendonça, aos 30 minutos. A tabelinha dos 5 a 1 seria mantida no Rio!

NB – Depois da grotesca expulsão de Beijoca, o que era show virou goleada. Aos 45, Baroninho foi ao fundo e colocou na cabeça de Zé Mário, outro que saíra do banco para fazer história no Maracanã.

FG – Como disse o Rosemiro, saindo do gramado: "Quem tremeu não fomos nós." A reportagem da revista *Placar* contou histórias semelhantes, no vestiário. O Pires brincando com o Mococa: "Passa o sabonete?" E ele respondendo: "Não dá. Ainda estou tremendo no Maracanã." "Tremendo de alegria", comentou o Jorge Mendonça.

JEF – Emudecido ficou o Maracanã, exceto, no setor onde estavam os apaixonados palmeirenses, que em festa foram premiados com essa histórica vitória. Calamos o rival pela bola, não pela boca. Como faríamos anos depois, em 1993.

NB – Eu fui um dos milhares de palmeirenses que fecharam o aeroporto de Congonhas e avenida Rubem Berta só para receber a delegação de volta do Rio, no domingo à noite. Lembro de ver o elenco do Corinthians voltando de Londrina, onde jogara um amistoso. O doutor Sócrates apareceu no desembarque e foi aplaudido. Era um craque. Um gênio. E um gentleman. Tanto que ouviu de um palmeirense que ele devia vir jogar no Verdão. "Mas para ser reserva do Mococa." E o saudoso Magrão caiu na gargalhada!

JC – O Palmeiras seria eliminado na fase seguinte pelo Inter, que nos venceu no Morumbi com um show de Falcão. No começo de 1980, perderíamos a semifinal adiada do Paulistão para o Corinthians. Terminamos aquele ano de 1980 na 16ª posição no estadual. A pior da história. Muito pela saída do Telê para a seleção.

NB – Ele que disse, logo depois dos 4 a 1 fundamental para a contratação dele pela CBF, que não tinha "pretensão, ambição e vontade" de trabalhar na seleção. Que não queria perder a saúde e a paz familiar por causa disso... Pois é... Telê logo mudou de ideia. Como a CBF mudou de presidente em seguida e o comando da seleção. Entregue ao treinador que mudaria o nosso esporte depois dos 4 a 1.

JEF – Era o Palmeiras de novo fazendo história no nosso futebol. Para o bem do futebol brasileiro e mundial, Telê foi treinar o Brasil.Para o nosso mal por anos, ele nos deixou em 1980. Mas deixando no Palestra um legado de trabalho e treinamento. Quando ele já queria um lugar para treinar sem tanta imprensa por perto. Um lugar onde tivesse a concentração e campos de treinamento. Telê era um visionário que dizia, já em 1979, que treino era tudo. Repetição era o fundamental. E que não havia nada que pudesse surpreender um adversário quando os treinadores já podiam assistir aos teipes.

FG – Esse é um jogo para recordar para sempre. Não ganhamos nada. Mas conquistamos todos os torcedores do bom futebol. Como o Brasil de Telê de 1982. Que começou no Palmeiras de 1979.

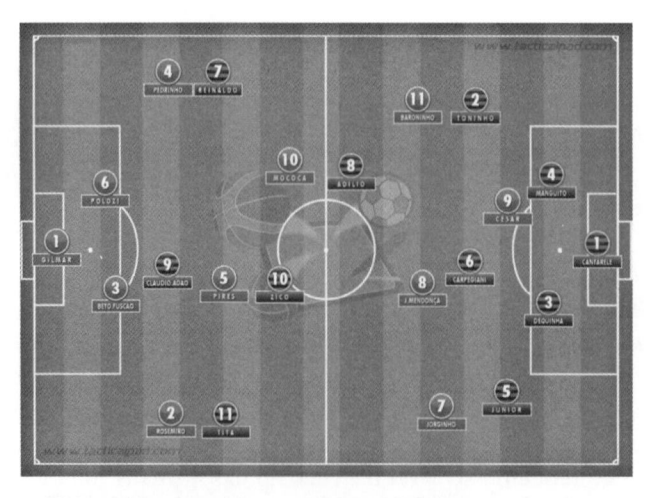

Telê usou no segundo semestre o 4-2-3-1 que seria a base do grande Flamengo de 1981, que foi destroçado pelo Verdão no Maracanã, em 1979

Justiça, justiça, justiça!

Palmeiras 3 x 0 Corinthians
Campeonato Paulista

Data: 27/08/1986
Local: Morumbi
Renda: Cr$ 2.919.660,00
Público: 92.982
Juiz: José de Assis Aragão
Gols: Miradinha 87' e 4' (prorrogação) e Éder 13' (prorrogação)
PALMEIRAS: Martorelli; Ditinho, Márcio, Vágner Bacharel e Diogo; Lino, Gerson Caçapa e Mendonça (Barbosa); Jorginho, Edmar (Mirandinha) e Éder
Técnico: Carbone
CORINTHIANS: Carlos; Édson, Paulo, Edvaldo e Jacenir; Wilson Mano, Biro-Biro, Cristóvão e Casagrande; Cacau (Dicão) e Lima (Ricardo)
Técnico: Rubens Minelli

JOTA CHRISTIANINI – Eu nunca vi um estádio gritar "justiça" em algo tão injusto e maluco como é o futebol.

JOSÉ EZEQUIEL FILHO – Mas poucas vezes ouvi grito tão justo. Fomos esbulhados na primeira partida da semifinal do Paulistão de 1986. O que berramos no intervalo entre o jogo de volta e a prorrogação foi mais que justo.

FERNANDO GALUPPO – Não fomos campeões paulistas de 1986. Seguimos na fila. Mas, no final das contas, lá em 1993, foi ótimo. Porque seria muito mais gostoso sair da fila contra quem saímos. Não por acaso, o mesmo adversário que vencemos na semifinal de 1986, antes de perdermos o título estadual para a Inter de Limeira. Em dois jogos no Morumbi!

NONNO BEPPE – Uma maldade. Tínhamos mais time que a Inter, bem montada pelo Pepe. Mas, nosso treinador, o Carbone, deu uma aula de desmontagem de grupo.

JC – Mas não foi só ele. Os jogadores não se ajudavam. Jogavam contra. Cada um pro seu lado.

NB – Não era só o Mirandinha, nosso ótimo centroavante, que era fominha. Todo mundo não se dava bem. Eram vários grupinhos no elenco de 1986. Um ótimo time. Mas rachado.

JEF – Tinha a turma do eu sozinho, formada pelo próprio Mirandinha, que marcou 45 gols na temporada. A turma de Minas, com o Edmar, oito gols em 1986, e o Éder, dois grandes atacantes, mas rompidos com o Mirandinha.

NB – Não era fácil. Ficou impossível. Nosso treinador resolveu escalar todos juntos na partida decisiva em que precisávamos vencer a Inter de Limeira. Quando o Mirandinha não passava a bola pro Edmar e vice-versa. Até um dos jogadores daquele time disse depois que um companheiro mais veterano berrava pra ele não passar a bola de jeito nenhum para um jogador da outra panelinha...

JC – Não tinha como dar certo. Junte um ótimo elenco mal organizado e rachado, o resultado foi o vice-campeonato de 1986. Mas quando enfrentamos nosso rival predileto, não tem rachadura que arranhe nossa história.

NB – Mas teve uma arbitragem na primeira partida, no domingo à tarde, no Morumbi...

JEF – Jogamos melhor que o Corinthians. Éramos melhores que eles. Tanto que, no começo daquele mês de agosto, fizemos 5 a 1 neles, no Morumbi. Devolvendo exatamente o mesmo placar que eles conquistaram em 1982.

NB – Estava 5 a 0 para nós e celebrei como nunca o gol deles, um gol contra do nosso lateral Denys. Justamente para devolver a contagem exata daquela derrota de 1982.

FG – Entramos favoritos no primeiro jogo da semifinal de 1986. Saímos prejudicados como poucas vezes vi pela arbitragem.

ANGELO – Como assim, Nonno? Do jeito que eles falam da decisão de 1993?

NB – Isso. Com a diferença básica de que, na primeira semifinal de 1986, o árbitro anulou um gol legal do saudoso Vágner Bacharel, de cabeça. Não houve falta alguma na disputa de bola com o zagueiro Edvaldo, aos 42 minutos do primeiro tempo.

JEF – E teve mais! No segundo tempo, logo aos 7, o Denys, que estava pendurado com dois cartões amarelos, fez falta normal e recebeu mais um, ficando suspenso do jogo de volta. O meia Edu Manga veio reclamar com o árbitro e foi expulso na hora. Um de nossos melhores jogadores.

JC – E tinha mais! Aos 27, mesmo com um a menos (para não dizer quatro a menos...), o zagueiro deles Edvaldo salvou com o braço direito, sobre a linha fatal, um gol certo nosso, depois de uma bomba do Mirandinha. Nosso ótimo volante Gerson Caçapa teve uma síncope. Pulava feito louco puxando a camisa do Edvaldo, mostrando a marca da bola na manga da camisa do rival. E o juizão marcando o escanteio... "Bola no braço" ele interpretou. Sei...

FG – Se bobeasse, ele daria tiro de meta.

NB – Além de um gol mal anulado, de um pênalti não dado e de uma expulsão discutível, jogamos muito melhor. Só que em vez da goleada merecida, mesmo com jogador a menos em quase todo o segundo tempo, sofremos aos 40 minutos o gol da derrota, marcado pelo Cristóvão.

JEF – Nossos jogadores e reservas foram pra cima da arbitragem. A partida ficou parada por mais de dez minutos. O gol teria nascido em posição irregular do ataque corintiano, do lateral Edson Abobrão. Além de validar o lance discutível, o árbitro ainda encerraria a partida antes do tempo regulamentar.

NB – Até acho que o gol foi legal. Mas, no mais, o árbitro foi o melhor corintiano em campo.

FG – Já aconteceu isso com a gente também. Mas já vi mais vezes isso do outro lado do estádio.

JC – Um dos vice-presidentes do Palmeiras reclamou do Nelson Duque, nosso presidente, que tinha vetado três árbitros durante o campeonato, mas havia retirado o veto antes das semifinais. Disse que ele era "frouxo". O folclórico dirigente Nicola Racciopi foi mais enfático e foi expulso no intervalo pelo árbitro.

NB – Ele apitou muito mal. Mas não foi mal intencionado.

ANGELO – Nonno, adoro quando você quer ser Dalai Lama...

NB – Meu neto, o futebol brasileiro é o contrário da vida: a princípio, todos são culpados. Não pode ser assim! Tanto que, na confusão depois do gol deles, o árbitro poderia ter expulsado mais gente além dos reservas Zetti e Amarildo.

JEF – O Jorginho disse que chegou a ser "expulso", mas o árbitro retirou o cartão. Além de mudar de lado, o bandeirinha Antônio de Paula e Silva, que validou o lance discutível e, no dia seguinte, afirmou que o Jorginho o havia agredido com um soco.

NB – O Jorginho, claro, desmentiu a versão. Na época... Hoje ele admite ter "acertado" o auxiliar.

JC – Até porque o próprio presidente em exercício da Federação Paulista disse que a arbitragem havia sido "catastrófica". Constantino Cury declarou, na segunda-feira, que poucas vezes na vida tinha visto uma atuação tão ruim. Ele sabia o que estava falando. Apitara jogos na juventude. E tinha isenção para analisar: em 1990, seria eleito vice-presidente do São Paulo. Constantino não era Palmeiras e nem Corinthians. Era são-paulino. Como o próprio árbitro que apitou muito mal o primeiro dérbi. O Nicolinha Racciopi ficou a semana inteira dizendo que o juiz era corintiano. Não era. Mas, pelo jogo de domingo, até que parecia...

FG – Jogamos tão bem, e a arbitragem foi tão mal que o presidente Duque pagou bicho de vitória para os nossos atletas. Na partida de volta, no meio de semana, no Morumbi, precisávamos vencer no tempo normal. E empatar na prorrogação para nos classificar para a decisão.

JEF – Como seria em 1993...

JC – Como sempre é contra o nosso rival dileto. O Sport Club, como diz meu amigo Mariano Barrella.

NB – Mais de 92 mil pessoas naquela noite. Eu estava no alto da arquibancada com mais de trinta amigos, quase no escanteio do gol de entrada do Morumbi. Vi o time atacar e jogar de novo melhor, no primeiro tempo, pertinho de mim.

JEF – Mas eles estavam melhores que na primeira partida. Confiantes pela vantagem do empate.

NB – Naquela noite, o lateral esquerdo foi o uruguaio Diogo, no lugar do suspenso Denys. No mais, Carbone optou por manter Edmar no comando de ataque, com Jorginho e Éder armando pelas pontas, mais o Mendonça, ótimo meia, mas de atuação apagada. O Edu Manga estava suspenso.

JC – Nossos volantes sabiam jogar. O Caçapa estava em grande fase. O Lino tinha ótimo passe. A zaga era firme com o Márcio Alcântara e o grande Vágner Bacharel. Dos melhores zagueiros que tivemos nas vacas magras.

NB – O primeiro tempo foi nervoso. O segundo, mais ainda. Criávamos, mas não conseguíamos finalizar. Estava tão nervoso que, confesso, não lembro bem do jogo inteiro. Só recordo bem a minha falta de ar aos 42 minutos do segundo tempo.

JC – Mas, antes dela, mandamos duas bolas na trave. Uma em um cruzamento errado do lateral direito Ditinho, aos 22. Outra, em uma bomba do Éder que explodiu no travessão, aos 33.

JEF – A torcida deles sabia de nossa força – como sempre. Estava quieta. Nós estávamos mordendo os ossos dos dedos. Até uma falta pela meia direita, aos 42. Jorginho cruzou na área, no segundo pau.

NB – A bola sobrou pro Diogo finalizar de qualquer jeito. O Carlos (titular do Brasil na Copa do Mundo um mês antes) espalmou, o Mirandinha (que substituíra o Edmar) entrou de coxa, não sei de que jeito, mas abriu o placar.

JEF – Eu mal vi o gol. Mas ouvi o estádio. E nem ouvi mais meu coração.

NB – Eu gritei algo parecido com "gaaaal." Como Graal. Era nosso cálice sagrado.

JC – O Jorginho não conseguiu ficar em campo. Correu para o vestiário para se aliviar.

NB – E o melhor é que o que ele fez, fez nas escadas de acesso do vestiário deles...

JEF – O alívio (do Jorginho e nosso) foi tão grande que, antes da prorrogação, começou o coro de "justiça". Tão espontâneo e natural como o favoritismo nosso contra eles.

FG – Na prorrogação, para coroar nossa categoria, o Mirandinha escapou em um contragolpe, aos 4 minutos, depois de falha do Wilson Mano. Passou pelo zagueiro Pauloe bateu de canhota. Lindo. 2 a 0. Ou 1 a 0 na prorrogação.

JC – Bastava o empate no tempo extra, pela nossa melhor campanha. Mas ficaria ainda melhor aos 13 minutos. O Éder Aleixo bateu um escanteio lá da ponta direita, com a canhota poderosa que tinha. Caixa!

NB – Outro gol que mais ouvi que vi. Eu estava do outro lado. Não entendi como o Carlos deixou aquela bola passar. 3 a 0. Gol olímpico.

JEF – Não tenho a menor ideia de como foi o segundo tempo da prorrogação. Só lembro de continuar berrando justiça. Feita pelos próprios pés. Perdemos feio a final para a Inter. Mas ganhamos tão lindo a semifinal contra eles que não me importo.

FG – Parece desculpa de perdedor. Mas, quando se vence como ganharíamos em 1993, a história se repete como festa.

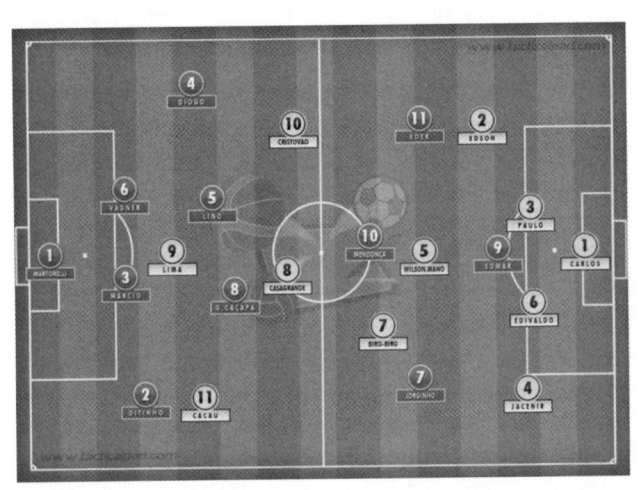

Um time muito técnico e muito ofensivo se perdeu depois pela desunião do elenco. Volantes sabiam jogar e os pontas adoravam armar por dentro

O namoro é verde

Palmeiras 4 x 0 Corinthians
Campeonato Paulista

Data: 12/06/1993
Local: Morumbi
Renda: C$ 18.154.900,00
Público: 104.401
Juiz: José Aparecido de Oliveira
Gols: Zinho 36', Evair 74' e 9' (prorrogação) e Edílson 84'
PALMEIRAS: Sérgio; Mazinho, Antônio Carlos, Tonhão e Roberto Carlos; César Sampaio, Daniel Frasson e Zinho; Edílson (Jean Carlo); Edmundo e Evair (Alexandre Rosa)
Técnico: Wanderley Luxemburgo
CORINTHIANS: Ronaldo; Leandro Silva, Marcelo, Henrique e Ricardo; Marcelinho Paulista, Ezequiel, Paulo Sérgio e Viola; Neto e Adil (Tupãzinho / Wilson)
Técnico: Nelsinho Batista

NONNO BEPPE – Angelo, sabe aquela pizza que a Nonna faz? Pense nela com um balde de nutella ao lado, uma montanha de parmesão de entrada e uma montanha com o sol se pondo no horizonte... [Longo suspiro]. E eu dentro da minha Ferrari tocando Beatles, Tony Bennett e Caruso, pensando na sua Nonna...

ANGELO – Romântico e faminto, hein, Nonno?

NB – Sua avó é minha eterna namorada. Todo dia é 12 de junho para nós. Embora tenha havido um Dia dos Namorados que a gente não passou junto. Só que esse em 1993 valeu por cada sorriso que ela me deu. Cada beijinho doce que ganhei nos olhos. Cada vez que aqueles olhinhos verdes maravilhosos como o nosso time me iluminaram.

ANGELO – Você passou um Dia dos Namorados sem a Nonna?

NB – Sim. Para ficar com nosso amor eterno. Desde que nasci, amo meus pais. Meus filhos e netos amo desde antes de eles existirem. Mas sou Palestra Itália antes de ser gente. E, poucas vezes em quase cem anos, o Palmeiras foi tão Palestra quanto naquele 12 de junho de 1993. Também porque a gente havia sido muito pouco Palmeiras desde o último título antes daquele.

ANGELO – Foi quando saímos da fila de dezesseis anos?

NB – Dezesseis anos e nove meses desde 18 de agosto de 1976, quando o Jorge Mendonça nos deu o título paulista. Então, era assim: "Ano sim, ano não, o Verdão era campeão." Mal celebramos. Mal sabíamos... Não era soberba. Era constatação. Tinha sido fácil ganhar em 1976 com o Ademir jogando um futebol divino – o que é redundante. Tinha sido menos difícil com o velhinho Dudu como treinador pela primeira vez. Era mera formalidade ser campeão. Mas tivemos de guardar aquele título paulista no formol. Porque seriam dezesseis anos sem nada para celebrar.

ANGELO – Mas todo dia é santo para celebrarmos o Palmeiras, né, Nonno?

NB – É... Mas não era fácil. Fizemos a festa de muito time do interior naquele jejum sem parmesão e sem gritar campeão. Em 1978, perdemos o Brasileirão para o Guarani, um ótimo time. Em 1985, perdemos para o XV de Jaú no Palestra e não fomos nem para as semifinais do Paulista. Em 1986, no Morumbi, o título estadual ficou para a Inter de Limeira. Em 1989, ganhamos tudo até perdermos um só jogo em Bragança Paulista. Seria ainda pior em 1990. Bastava ganhar da já eliminada Ferroviária. No Pacaembu! Nem isso fizemos. A única coisa feita foi desfeita por um bando de bárbaros que depredaram a mais rica galeria do Brasil...

ANGELO – Invadiram a nossa sala de troféus?

FERNANDO GALUPPO – Pois é. Como pode isso? Como pôde mais uma vez ficarmos vendo um time do interior ser campeão às nossas custas? Era um bom time, aliás. O Bragantino de 1990. Montando pelo jovem Wanderley Luxemburgo. O que seria nosso treinador campeão paulista em 1993. Contra nosso maior rival. O que é para poucos. O que não foi para eles, que acabaram com os 22 anos de jejum de títulos em cima da Ponte Preta, em três jogos duríssimos. A Macaca tinha até mais time que eles, em 1977. Mas não era o maior rival alvinegro o que eles venceram com um gol do Basílio. Somos nós. E, na boa: se fosse contra a gente, o resultado em 1977 seria o mesmo de 1974. Quando os deixamos na fila por mais dois anos. Seria igual àquela tarde fria de 12 de junho de 1993. Quando eles nos deixaram sair da fila.

ANGELO – Foi a maior alegria de sua vida, vô?

NB – Além do seu nascimento e o do seu pai, claro que sim. Ganhamos a Copa Rio de 1951. A Libertadores de 1999. Onze títulos nacionais. Mas como sempre acontece com os gigantes que ficam um tempo sem ser o que são – campeões –, a saída da fila é inesquecível. Como foi para quem viveu (e sobreviveu) à semana de 6 a 12 de junho de 1993. Quando começamos perdendo o primeiro jogo. 1 a 0 no Morumbi. Gol do Viola. Um baita goleador que seria nosso jogador em 1996-97. Mas que, depois de fazer um gol estranho, sem ângulo, resolveu tirar onda e imitar um porquinho... Sem cabeça! E sem respeito, também. Nós assumimos o porco que nos xingaram de 1976 a 1986. Mas só nós podemos nos chamar assim. Nem a imprensa. Muito menos os rivais. Só nós temos espírito e alma de porco.

ANGELO – Essa comemoração do Viola realmente mexeu com os jogadores e com a torcida?

JOTA CHRISTIANINI – Basta lembrar o que gritávamos no final do jogo naquele sábado frio e de garoa e de campeão: "Chora, Viola! Imita o porco agora!" Ou basta olhar a cara do nosso time entrando em campo para aquela finalíssima. Só pelo olhar de cada jogador já se imaginava o que seria. O massacre que foi. Aquilo que o Antônio Carlos, nosso zagueiro, dizia na véspera: que o Palmeiras golearia no tempo normal e venceria também na prorrogação. Antes de saírem para o Morumbi, ainda na concentração, no hotel Transamérica, o Luxemburgo mostrou um vídeo com uns 10 minutos. Lá tinha o Viola imitando o porco. Uns jogadores deles dizendo que não perderiam o título. Comentários de jornalistas, manchetes de jornal a favor do outro time. E ainda depoimentos de familiares dos nossos jogadores os apoiando. Imagens e gols de todas as nossas vitórias na fase semifinal. Era demais. O Wanderley normalmente falava uma meia hora antes de cada jogo a respeito do adversário. Naquele dia, bastou aquele vídeo para incendiar os ânimos e mostrar o que tínhamos mais que eles. Aquilo que também sobrou no estádio de espírito e no estado de ânimo de cada palmeirense em 1974. Nas outras finais que iríamos jogar depois, em 1993 (Rio–São Paulo) e 1994 (Brasileirão). Na maioria dos dérbis desde 1917.

ANGELO – Tínhamos mesmo mais time?

JOSÉ EZEQUIEL FILHO – Tínhamos mais Palmeiras! E muito mais time: Sérgio na meta, Mazinho (que depois foi jogar demais no meio) e Roberto Carlos jogando muito pelas laterais, Antônio Carlos anulando Neto, Tonhão na raça completando a zaga; César Sampaio na cabeça da área trancando o Viola, Daniel Frasson saindo pela direita e Zinho fechando o triângulo pela esquerda, mais à frente, dando liberdade pro Edílson encostar no Edmundo e no Evair no ataque. Oito jogadores de seleção – e sem contar o Amaral, que estava suspenso. Ganhamos o primeiro turno, o segundo e fomos 100 por cento no quadrangular semifinal contra Guarani, Rio Branco e Ferroviária.

NB – E olha que trocamos de técnico em abril. Saiu o Otacílio Gonçalves e chegou o Luxemburgo. O José Carlos Brunoro, diretor da Parmalat, inovou mais uma vez. Ele entrevistou primeiro um treinador no Rio que não pôde aceitar na hora o desafio, o Nelsinho Rosa. Depois conversou com o Luxemburgo – que ele queria trazer desde que a empresa chegara ao Palmeiras, em março de 1992. O Brunoro ficou impressionado com as ideias e a vontade de trabalhar do Luxa. Aquela energia de cafeína do nosso treinador com o leitinho da Parmalat fez uma mistura fina.

ANGELO – Meus amigos corintianos dizem que o grande craque da decisão foi o José Aparecido de Oliveira...

NB – O árbitro não foi bem. Mas o Palmeiras foi melhor que todos. Ele realmente devia ter expulsado o Edmundo aos 41, cinco minutos depois do nosso primeiro gol e dois após a expulsão do zagueiro deles, o Henrique. Um que foi tarde, diga-se. Ele já podia ter sido expulso aos 15 minutos, quando deu a segunda entrada feia para cartão amarelo. O Henrique já tinha cartão desde os três minutos. Ele bateu muito até ser expulso. Mas, realmente, o maior erro do árbitro foi não expulsar o Edmundo quando já estava 1 a 0 para nós. Vendo pela TV, depois, o Zé Aparecido admitiu que devia ter expulsado o Edmundo pela tesoura por trás no Paulo Sérgio. O próprio Edmundo afirmou que exagerou naquele lance contra o cara com quem, na época, ele não se dava.

ANGELO – Por quê?

NB – O Edmundo disse que eles não se entendiam desde que se conheceram na seleção. E a coisa ficou pior depois do primeiro jogo da final de 1993. O Paulo Sérgio teria tirado um sarro do Animal na saída dos ônibus das duas equipes, no saguão do Morumbi. Da janelinha do ônibus deles, fez uns sinais pro Edmundo, que quase saiu lá de dentro. Aí você imagina dentro de campo, dias depois... O Animal não tinha pavio curto. Ele simplesmente não tinha pavio! Mas tudo que o Edmundo se perdia nos nervos ele nos fazia ganhar em campo.

ANGELO – Mas o árbitro só errou ao não expulsar o Edmundo?

NB – Também não devia ter expulsado o Tonhão, aos 17 do segundo tempo. Ele não fez nada contra o goleiro deles, o Ronaldo, que havia acabado de derrubar o Edmundo e também seria expulso. Mas o nosso zagueiro também não tinha de ir em direção ao adversário. Foi infantil. O Ronaldo simulou uma agressão que não aconteceu e os dois acabaram expulsos.

JC – O próprio Paulo Sérgio tinha de ter sido expulso. Ele pegou o Edmundo deslealmente antes. Nosso Animal tentou revidar e foi imprudente. Mas não o atingiu...

ANGELO – Teve mais algum lance polêmico?

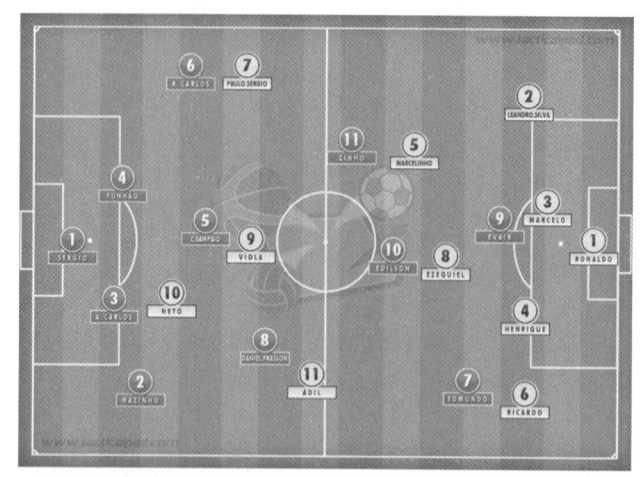

Luxemburgo deu mais liberdade a Zinho, adiantou Edílson, e liberou Mazinho na segunda etapa para ser mais um craque da Via Láctea verde

NB – Um gol legal mal anulado do Edmundo. Não havia impedimento. Está certo que o Edmundo cavou a expulsão do Ronaldo e sofreria o pênalti do gol decisivo, que também originou a expulsão do Ezequiel, na prorrogação, aos 9 minutos. Mas daí achar que tudo era o "Esquema Parmalat", o chororô dos adversários com todas as nossas conquistas a partir de então, é pensamento de perdedor. Até porque um placar de 4 a 0 em 120 minutos, duas vitórias em dois dérbis no mesmo dia, não é para qualquer um. É para Palmeiras. Em final contra eles, quase sempre Ademir da Guia está conosco.

JEF – Mas, no início, com um minuto, o Edmundo perdeu um gol feito, sem goleiro, meu San Gennaro!... Tudo voltou a ser Palmeiras só aos 36 minutos. Quando o canhoto Zinho fez o primeiro gol, de pé direito (!), de fora da área (!?). Não havia como dar errado. Como dar o time deles. A partir do gol do Zinho, a responsabilidade de vencer mudou de lado.

ANGELO – Os quatro gols foram impedidos? Teve alguma irregularidade para tanta reclamação?

NB – Eles queriam o Oscar Roberto Godói apitando – e ele foi o bandeira um. Nós queríamos o João Paulo Araújo – e ele foi o árbitro reserva. A Federação escolheu um árbitro rigoroso. E bom. Mas que não apitou tão bem – até por não ser fácil apitar 120 minutos de uma decisão. E que decisão! Os quatro gols foram legais. O do Zinho, no primeiro tempo. Os do Evair e do Edílson, no segundo tempo. O quarto foi pênalti do Ricardo no Edmundo. O Ezequiel foi reclamar e deu uma peitada nas costas do Zé Aparecido. Não tinha como não expulsar.

JC – Do mesmo modo como não há como reclamar quando um time perde por 3 a 0 em 90 minutos, e mais 1 a 0 na prorrogação – fora o gol mal anulado do Edmundo, no final da prorrogação. Fora o chocolate no jogo todo.

ANGELO – O César Sampaio que levantou aquele monstrengo de taça que era réplica do Palácio do Governo?

NB – Isso. Só mesmo um grande time para levantar um enorme troféu. O Monstro do Parque Antárctica, como chamava o jornalista Roberto Avallone, quase tivera quebrado o tornozelo numa entrada do Leandro Silva, no primeiro jogo. O Sampaio passou a semana toda se tratando sem treinar, em Atibaia. Só botou o pé no chão na véspera, no treino da Academia. E não tirou o pé em nenhuma dividida no Morumbi, no sábado. Ele e o Antônio Carlos anularam o Viola e o Neto, os melhores deles.

ANGELO – Você chegou a temer que ficaríamos mais um ano na fila?

NB – Havia muita gente no clube e fora dele que achava que não daria certo mesmo com tanto investimento. Muitos da mídia que achavam que a "Parmalat era ilusão", que a parceria só era boa para a empresa multinacional... Adversários que diziam que só seríamos campeões por "termos vendido a camisa". Como se fosse crime fazer uma tabelinha com profissionais competentes e com dinheiro. Vencemos as desconfianças. Goleamos os descontentes. E demos um show. Nunca um time saiu da fila e, no mesmo ano, ganhou o Brasileirão e ainda um Rio–São Paulo com um time misto. No ano seguinte, ganharíamos o bi paulista e mais um bi brasileiro. Tudo graças à vaquinha sagrada da Parmalat. E, claro, ao Evair. Não foi o Zé Aparecido o cara que acabou com eles em 12 de junho. Foi o Matador Evair Aparecido.

ANGELO – Ele foi o artilheiro do Paulistão?

FG – Foi o Viola. Mas o Evair foi demais. Em março de 1992, ele havia sido afastado por cinco meses do time principal pelo Nelsinho Batista. Ele teve de treinar separado por decisão daquele que viria a ser, 15 meses depois, o treinador do nosso rival... Em abril de 1993, quando o Otacílio foi demitido, numa derrota para o Mogi, o Evair se lesionou. Só voltou ao time no segundo tempo da primeira decisão, quase dois meses depois, já com o Luxemburgo no comando. O Matador não conseguiria jogar nem os 90 minutos da decisão, menos de uma semana depois. E ficou em campo por 101 minutos. Quer dizer: ele foi substituído. Mas ficou ali do lado da meta do rival, mandando no time que voltaria a ser campeão graças a ele: o Evair deu o passe para o primeiro gol. Chutou na trave a bola que o Edílson aproveitou para fazer o terceiro. Marcou o segundo em grande lance de Mazinho. E bateu o pênalti decisivo.

NB – Quando o Evair disse que viveu o maior momento da carreira. Ele diz que não ouviu mais nada depois que o árbitro autorizou a cobrança. Antes mesmo de tocar na bola, com a categoria de craque que também era cobrando pênalti, ele sacou que faria o gol do título. Então ele passou a ouvir tudo de todos no Morumbi e pelo Brasil. Mas dali em diante não conseguiu enxergar mais nada de tamanha emoção. Era o gol do campeão. Evair saiu dos dezesseis anos sem título para a eternidade em uma fração de segundo. De não ouvir nada e enxergar tudo antes para ouvir tudo e não ver mais nada depois do gol. Ele começou a correr para a bola em 1976 e chegou ao gol em 1993 em segundos.

ANGELO – É aquele pênalti da gravação do locutor José Silvério, que disse na Jovem Pan que iria "soltar a voz" e gritar que o Palmeiras era campeão?

NB – Esse. Foi o toque do celular do seu pai por muitos anos. O Silvério falando "agora eu vou soltar a minha voz" depois de o Matador deslocar o goleiro deles. Meu neto, só quando você nasceu eu tive emoção igual... Mas quando eu te vi no berçário até sabia descrever a minha felicidade. Porém, naquela hora em que eu vi a bola entrar na meta de fundo do Morumbi, seis segundos e nove passos depois de o Evair iniciar a corrida até fazer o gol...

JC – Meu Palmeiras! Disse bem o Edmundo, ainda no gramado: "futebol não se ganha com a boca". Paulistão se ganha com a bola que a gente jogou o campeonato todo! Com a festa merecida que o palmeirense só fez quando o árbitro acabou com o jogo que nosso time já havia acabado bem antes.

ANGELO – Foi a maior festa que você viu?

NB – Não sei se foi a maior. Mas sei que para craques como Evair, Zinho, César Sampaio, Antônio Carlos, Edmundo, campeões em quase todos os clubes em que jogaram, foi a maior conquista da carreira. Como foi para o Sérgio, que foi Palmeiras quase toda a vida. Como foi uma das maiores até para quem não entrou em campo, mas ficou no banco. Um então cabeludo Marcos, nosso terceiro goleiro em 1993, que estava jogando pelo Sub-20 na Itália e só ficou sabendo dos 4 a 0 pelo telefone, algumas horas depois. Quando todos os muitos palmeirenses, vivos ou mortos, inundaram a rua Turiaçu. Fazendo a festa para o elenco que chegara de ônibus à sede do clube. Subindo no teto dele como fizeram o Roberto Carlos e o Edmundo.

FG – O Jorginho Putinatti, nosso grande jogador nos anos 1980, soube pelos jornais lá no Japão e comemorou muito também. Grande Jorginho!

ANGELO – Você não foi pra avenida Paulista comemorar?

NB – Eu e milhares que nunca haviam celebrado lá. Essa tradição de festa futebolística na avenida começou em 1976. Depois do nosso título estadual. Também isso a gente não sabia como fazer. Mas soubemos como poucos. E, confesso, depois do Brasileirão de 1994, de novo vencido contra eles, já estava com o mesmo "enfado" de 1976... Em dezenove meses ganhamos cinco títulos!

ANGELO – Isso dá azar, Nonno!

NB – Não, meu neto. Dá "azar" é ter time ruim montado por cartola pior. O Palmeiras ficou na fila de tanto que errou fora e dentro de campo. Teve vezes que trabalhou direitinho e o adversário foi melhor. Teve vez que não tem como explicar por que não deu certo, como em 1979. Mas, em outras tantas, tudo que voltamos a acertar a partir de 1993 havíamos errado antes. Mas, entre nós, ainda bem. Eu passaria os dezesseis anos de jejum de novo se soubesse que sairíamos da fila como saímos. Contra quem saímos. E quando saímos. Num 12 de junho. Dia da paixão palmeirense. Dia do amor verde.

O maior show da terra

Palmeiras 6 x 1 Boca Juniors – ARG
Copa Libertadores da América

Data: 09/03/1994
Local: Palestra Itália
Renda: Cr$ 66.084.500,00
Público: 18.875
Juiz: Juan Francisco Escobar (Paraguai)
Gols: Cléber 15', Roberto Carlos 51', Edílson 54', Evair 65' e 71', Jean Carlo 78' e Martinez 79'
PALMEIRAS: Sérgio; Claudio, Antônio Carlos, Cléber e Roberto Carlos; César Sampaio (Tonhão), Amaral e Mazinho (Jean Carlo); Zinho; Edílson e Evair
Técnico: Wanderley Luxemburgo
BOCA JUNIORS: Navarro Montoya; Soñora, Noriega, Giuntini e McAllister; Peralta, Mancuso, Márcico e Carranza; Sérgio Martínez e Rubén Da Silva (Acosta)
Técnico: Cesar Luis Menotti

ANGELO – Vocês já me contaram muitas vitórias de títulos. Teve alguma que não deu em nada além de muito orgulho?

NB – Para mim, teve. A maior derrota internacional da história do Boca Juniors. O mesmo time que nos tirou o bi da Libertadores, em 2000, nos pênaltis. O mesmo time que nos eliminou no apito armado do paraguaio Ubaldo Aquino, na semifinal de 2001.

JOTA CHRISTIANINI – Em 1994, não ganhamos a Libertadores. Mesmo com um time espetacular. Dos maiores de nossa história. Naquele ano, vencemos o bi paulista e o bi brasileiro. Mas não conquistamos a Libertadores porque inventaram uma excursão ao Japão antes do jogo de volta nas oitavas de final contra o São Paulo. Chegamos na sexta pela manhã e perdemos no domingo à tarde. Desfusorados e desfigurados. Foi uma semana depois do tetra do Brasil, nos Estados Unidos. Com Mazinho e Zinho entre os titulares da seleção de 1994.

FG – É simples a nossa história. Na Era de Ouro do futebol brasileiro, nós e o Santos dominávamos o futebol. Fomos tricampeões mundiais. Enquanto um incerto rival nada ganhou. Quando eles voltaram a ser campeões, o Brasil ficou 24 anos sem ganhar títulos...

JEF – A seleção só voltaria a ser campeã mundial quando o Palmeiras voltou a ser Palmeiras, em 1993. Quando voltamos a ser o melhor do Brasil, o campeão mundial foi o Brasil.

JC – E sem Roberto Carlos, César Sampaio e Evair, que poderiam estar no grupo do tetra mundial. Além do Antônio Carlos e do Rivaldo, que chegaria em agosto de 1994 ao clube.

NB – Brasil ganhou a Copa com os titulares Mazinho e Zinho no meio-campo.

FG – Mazinho que ganhou um lugar na Copa em março. Quando goleamos o Boca, no Palestra, na segunda rodada da fase de grupos da Libertadores.

NB – Olha o grupo! Palmeiras como campeão brasileiro de 1993, Cruzeiro de Ronaldo Fenômeno como campeão da Copa do Brasil, Boca Juniors e o Vélez Sarsfield de Carlos Bianchi, que venceria o título de 1994. Era muito mais difícil a Libertadores. Foi mais doído ser eliminado pelo São Paulo nas oitavas, naquele jogo que perdemos porque fomos viajar pro Japão.

JC – Primeiro jogo daquele mata-mata foi antes da Copa, quando estávamos voando e bicampeões paulistas. Perdemos para o São Paulo na volta quase dois meses depois. Só não goleamos na primeira partida no Pacaembu porque o Zetti fez a maior atuação que vi na vida de um goleiro.

NB – Era para ter sido 10 a 0 para o Palmeiras. Ou melhor, 10 a 1, que teve um pênalti do César Sampaio no Euller que até o Ubaldo Aquino marcaria. Esse marcaria sempre contra nós!

ANGELO – Mas contra o Boca foi 6 a 1 porque jogamos muito ou eles não jogaram nada?

JEF – Voamos em campo comandados pelo Mazinho. Eles criaram boas chances no segundo tempo. Mas marcaram muito mal. Deram espaço para a velocidade e agilidade do Edílson no ataque e para a inteligência e categoria do Evair, além do oportunismo do Matador.

NB – Na entrada de nossa área, o César Sampaio anulou o Márcico, o *enganche* deles. O Amaral não deu espaço para o meia pela esquerda Carranza. Marcou muito e ainda fez alguns lances de arrancadas pela direita. Pelo lado esquerdo, Mazinho deu um pé ao Sampaio. Pela direita, ajudou o Amaral a sair para o jogo. Por dentro, auxiliou o Zinho na armação. Por todos os lugares, teve uma atuação perfeita. Parecia que havia uma franquia do Mazinho no Palestra.

FG – Não fosse a chuva, teria mais gente naquela quarta-feira à noite. E mais gols no gramado molhado.

NB – O Palmeiras estava desfalcado do Rincón, então, um excelente meia colombiano, que depois viraria um grande volante. Além do Edmundo. Os dois machucados. E ainda assim enfiamos 6 a 1. Também porque o Cláudio deve ter a feito a melhor partida dele pela lateral direita. E o Roberto Carlos era um trem pela esquerda. O Sérgio esteve firme na meta, e a excelente dupla Antônio Carlos e Cléber, talvez a nossa melhor nos últimos anos, marcou bem, e até o Clebão fez gol.

NB– Marcaram muito e, no final do jogo, os dois chegaram a tentar o sétimo gol. Era outro mérito do Luxemburgo. Ele não gostava de olé – que a torcida cantou aos 25 do segundo tempo. Ele queria bola pra dentro do gol adversário. Por isso adiantou a linha de zaga. E nossos zagueiros tentaram fazer mais gols. Além de chegarem junto nos jogadores *xeneizes*.

FG – O Boca era treinado pelo grande Cesar Luis Menotti, campeão mundial pela Argentina, em 1978. Técnico que adora o futebol bem jogado, ofensivo. E que elogiou muito o Palmeiras.

NB – Não tinha como não o fazer. Era o mesmo time que, em maio daquele ano, seria bicampeão paulista de modo incontestável. Por pontos corridos. Com, ao menos, três voltas olímpicas!

JC – A primeira não foi dada, mas poderia ter sido na virada no Morumbi, com show do Evair. Vencemos o São Paulo por 3 a 2, no dia da morte do Ayrton Senna. A primeira volta olímpica foi no Palestra, depois do 1 a 0 no Ituano, golaço do Rincón. Faltava só uma vitória, que veio contra o Santo André. Gol do artilheiro da competição Evair. Invadimos o gramado do Bruno José Daniel. A última volta olímpica foi na vitória sobre o Corinthians. 2 a 1 no Pacaembu. Golaço do Edílson. A terceira volta de festa.

NB – Teria mais uma no mesmo estádio, contra o mesmo rival, em dezembro. Já sem Rincón e Edílson. Mas com Rivaldo acabando com o Corinthians no 3 a 1 de ida, e depois fazendo o gol de empate no 1 a 1 decisivo. Bicampeões brasileiros.

ANGELO – Chega de jogos contra eles! Já ouvi muito. Quero saber como foram os 6 a 1 no Boca. O Mazinho jogou toda essa bola mesmo?

NB – Muito. Tanto que, com 20 minutos do segundo tempo, a torcida xingava o então treinador da seleção, o Carlos Alberto Parreira. O Palestra gritava que "Mazinho era seleção". E foi. Logo seria convocado para a Copa de 1994. Onde começou reserva do Raí. Quando ganhou a posição e a Copa.

FG – O primeiro lance de gol nosso foi ele quem fez. De longe, tentou encobrir o goleiro Navarro Montoya, colombiano que atuava muito adiantado. Era ideia do Luxemburgo. Quase deu certo, aos quatro minutos.

JEF – O Menotti adorava atuar com a linha de zaga adiantada para cavar impedimentos. O Palmeiras furava o bloqueio com quem vinha de trás. Mazinho e Evair davam show servindo os companheiros.

NB – A nossa marcação era dobrada e obsessiva. O gol foi questão de acertar o primeiro chute. Com o Cléber, aos 15 minutos. Lance que mostrava nosso apetite. Zinho chutou, o goleiro rebateu, o zagueiro Antônio Carlos pegou o rebote, o Montoya salvou, e o outro zagueiro enfiou de bico.

JC – Jogávamos mais. E até batíamos mais que eles. O 4-4-2 do Boca parecia um 0-0-0.

FG – O Zinho perdeu um gol daqueles que os atacantes dos últimos anos do Palmeiras têm perdido, aos 24 minutos, depois de uma cabeçada do Evair na trave. Enquanto isso, os *xeneizes* só chutaram em gol uma bola, aos 28. E longe do Sérgio. No final do primeiro tempo, eles até chegaram. Mandaram uma bola na trave. Tiveram três oportunidades.

JC – E nós o triplo. O zagueiro Noriega quase fez gol contra, em jogada sensacional do Roberto Carlos, aos 32. O Evair quase fez um belo gol de falta, aos 45. Quando começávamos a abusar da ligação direta para ele fazer a parede para o Edílson e até para o Mazinho que vinha de trás.

FG – Os 18 mil pagantes deviam pagar novo ingresso para a segunda etapa. O show começou aos 6 minutos. Golaço do Roberto Carlos. Uma bomba de canhota cruzada e indefensável. O Evair tocou de calcanhar pro nosso lateral encher o pé.

JC – Os dedos da mão esquerda seriam logo enchidos com todos os gols. Fora lances maravilhosos, como o Evair servindo o Mazinho, que deu um drible da vaca e quase ampliou, aos 9 minutos.

JEF – Estava fácil. Porque fizemos fácil, ao som do samba enredo do Salgueiro, do Carnaval de 1993. Na nossa adaptação: "Explode, coração, na maior felicidade. Como é lindo o meu Palmeiras, contagiando e sacudindo essa cidade..." E a rede do Boca.

FG – O 3 a 0 veio aos 9. Bobeada da zaga deles, Edílson foi oportunista e ampliou à frente do goleiro. O Menotti inverteu os laterais para acertar a marcação. Não dava. Parecíamos ter uns seis a mais em campo. E no placar faltava pouco mais para isso. Aos 18 minutos, o Mazinho pegou a bola no meio-campo, foi passando por três até ter a camisa puxada e ser derrubado na área. Evair bateu o pênalti com a categoria habitual. 4 a 0!

JEF – A torcida berrava mais "Mazinho" que "Palmeiras" quando ele tocou de canhota, por cobertura, uma bola que bateu no travessão e, no rebote, o Evair conferiu. 5 a 0, aos 25 minutos. Três minutos depois, o Luxemburgo sacou o Mazinho só para o Palestra inteiro o aplaudir. E, se bobeasse, seria ovacionado até na Bombonera.

FG – O Jean Carlo o substituiu. Em quatro minutos, aos 32, depois de lance de raça do Zinho, e bobeada do zagueiro Giuntini, o Jean Carlo fez 6 a 0.

JC – Aos 35, teve pênalti do Antônio Carlos no atacante Martínez. Ele bateu e fez. A torcida vaiou o gol do Boca como se vaia um arremesso lateral. Ninguém estava nem aí. O Boca não estava mais lá.

NB – O Luxemburgo ainda colocou o Tonhão na zaga, avançou o Antônio Carlos como volante no lugar do Sampaio. O Palmeiras buscou o sétimo gol. Só não saiu por afobação do Edílson.

JC – Isso era próprio dele...

NB – Essa partida foi própria daquele Palmeiras. Próxima da perfeição daquela Via Láctea montada pela Parmalat.

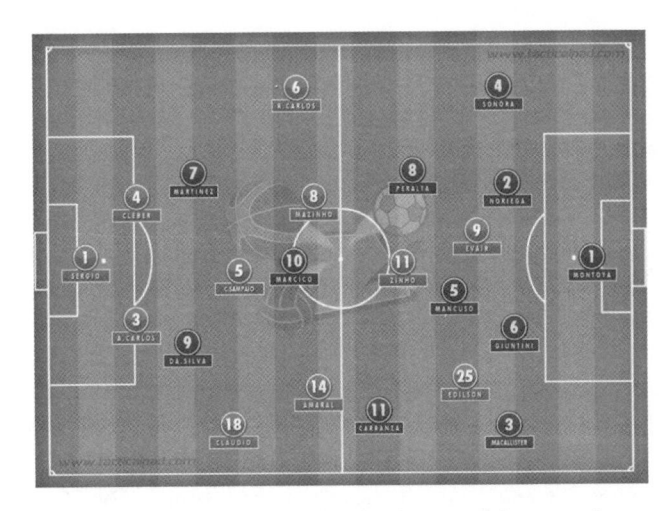

O show de bola contou com laterais que apoiaram muito, volantes que foram armadores, meias que foram atacantes no timaço de Luxemburgo

A Via Láctea da Parmalat

Palmeiras 6 x 0 Santos
Campeonato Paulista

Data: 24/03/1996
Local: Vila Belmiro
Renda: R$ 149.160,00
Público: 14.687
Juiz: Dalmo Bozzano
Gols: Rivaldo (5' e 87'), Cléber (17' e 24'), Cafu 59' e Djalminha 83'
PALMEIRAS: Velloso; Cafu (Osio), Sandro Blum, Cléber (Cláudio) e Júnior (Elivélton); Flávio Conceição e Galeano; Djalminha e Rivaldo; Luizão e Muller
Técnico: Wanderley Luxemburgo
SANTOS: Gilberto; Claudemir, Batista (Gustavo), Sandro e Marcos Paulo; Gallo; Jamelli, Kiko (Luiz Carlos), Baiano e Marcelo Passos (Macedo); Giovanni
Técnico: Orlando Amarelo

ANGELO – Nonno, na lata: qual o melhor time que você viu em campo com a nossa camisa?

NONNO BEPPE – Pleonasmo, meu neto. Se é melhor time, é com a nossa camisa...

ANGELO – E depois vocês reclamam que são os rivais que são prepotentes, metidos.

JOTA CHRISTIANINI – Não somos arrogantes. Somos apenas conscientes de nosso tamanho.

ANGELO – Meu Deus...

NB – Meu Ademir da Guia, meu neto. Vi a Primeira Academia, para mim a melhor e que jogava mais bonito. Mas durou, de fato, só aquele 1965. Vi a Segunda Academia, que brilhou por mais tempo, e foi mais vezes campeã. O Palmeiras de 1993-94, que saiu da fila e ganhou tudo. O campeoníssimo das Cinco Coroas, de 1950-51. Tantos Palmeiras...

JOSÉ EZEQUIEL FILHO – O Palmeiras de 1972 – Leão, Eurico....

NB – Vou falar por mim. Durou seis meses, se tanto. Mas nunca vi futebol tão avassalador, tão brilhante, tão espetacular quanto o do Palmeiras do primeiro semestre de 1996. A única dúvida a respeito daquele time é sobre quanto acabaria o jogo. Se seria um festival de gols. Ou apenas uma goleada do Palmeiras.

FERNANDO GALUPPO – Uma lástima o Muller ter saído antes da final da Copa do Brasil de 1996 contra o Cruzeiro. Uma pena o Rivaldo ser negociado com o La Coruña logo depois. Perdemos ali um time excepcional. Não só nós. O futebol como um todo.

JC – Nunca mais ninguém jogou melhor. Para não dizer que não havia jogado antes.

NB – O grande Palmeiras de 1996, de fato, foi iniciado em novembro de 1995, quando a Parmalat, a pedido do Wanderley Luxemburgo, fez uma negociação ousada. Trouxe do Guarani o centroavante Luizão e o meia-atacante Djalminha, filho do grande Djalma Dias, nosso zagueiro da primeira Academia.

JEF – O Palmeiras ainda tinha chance de ser tri brasileiro em 1995. Mas estava difícil. Luxemburgo resolveu jogar a toalha e as chuteiras no gramado no Brasileirão. Trouxe antes do fim da temporada a dupla bugrina, que começou a assimilar o que se pretendia para 1996 antes do fim da temporada anterior. Eles começaram a treinar no Verdão ainda em 1995.

NB – Resultado: iniciamos a temporada em janeiro de 1996 como se estivéssemos em abril. O elenco bem preparado fisicamente pelo Luis Inarra estava muito acima dos rivais. O time, absurdamente técnico, se valeu dessa condição e do entrosamento adquirido desde novembro de 1995 e iniciou o ano de 1996 a 200 por hora.

JC - Ganhamos o Torneio Euro-América logo de cara. Goleamos o Borussia Dortmund em Fortaleza por 6 a 1. O time que menos de dois anos depois seria campeão mundial levou uma sova da gente. Um empate com o Flamengo no final do jogo, gol do Rivaldo, nos garantiu o título.

JEF – No Paulistão, na estreia, metemos 6 a 1 na Ferroviária, no Palestra.

NB – Realmente vimos que a coisa era diferente quando enfiamos 7 a 1 no Novorizontino, fora de casa, na sequência. Três do Luizão, nosso centroavante, dois do Muller, nosso atacante pela esquerda, e um do Elivélton, o primeiro reserva, que podia ser meia, ponta, ou mesmo lateral esquerdo.

FG – No quarto jogo, empatamos com o União. Criiiiiise no Palmeiras!!!!

NB – Mas voltamos à normal anormalidade daquele timaço no jogo seguinte. Goleamos o Juventus por 4 a 1. Iniciando uma sequência histórica. Foram 21 jogos seguidos só com vitórias. Pelo Paulistão e pela Copa do Brasil. Vinte e uma vitórias consecutivas até um empate com o Corinthians por 2 a 2.

JEF – Nesses 21 jogos, doze deles foram vitórias por três ou mais gols de diferença. Doze goleadas em 21 jogos! Oito a zero em Aracaju, na estreia na Copa do Brasil contra o Sergipe. Oito a zero em Ribeirão Preto, contra o Botafogo.

FG – Teve 4 a 0 no XV de Jaú, no Palestra, na estreia oficial de São Marcos. Um 5 a 1 na Ferroviária, em Araraquara. Um 4 a 0 no Novorizontino. Que mais?

JC – Cinco a zero no Atlético Mineiro, pela Copa do Brasil. Na sequência, outro 5 a 0 no União de Araras. Seguido por um 5 a 1 no Juventus. Quinze gols em três jogos.

NB – Mas menos que a sequência de 28 gols em cinco jogos! O 8 a 0 no Botafogo, um 4 a 1 no Rio Branco, e o 6 a 0 no América, no Palestra, numa quinta-feira. Fechando com o 4 a 0 no XV de Jaú.

ANGELO – Está faltando um jogo.

NB– E que jogo!

FG – Foi mesmo. Depois dos 6 a 0 no América, no Palestra, um 6 a 0 fora de casa. Na sagrada Vila Belmiro, uma vitória do tamanho do clássico. Palmeiras 6 a 0 Santos, pelo primeiro turno.

ANGELO – Mas o que aconteceu com eles? Eles não tinham sido vices brasileiros em 1995?

NB – Sim. Eles acabariam vice-campeões paulistas em 1996. Ou "campeões", que nós jogamos outro campeonato aquele ano. Fizemos a melhor campanha da história do profissionalismo paulista. Vinte e sete vitórias, três empates e só uma derrota para o Guarani, em Campinas. Desde 1933 não se viu igual. Nem veremos.

JEF – O Santos era bom time. Mas estava desfalcado naquele jogo no turno. Não tinham sete titulares. O gramado também não estava bom. Apesar do sol, tinha chovido muito antes. Era ruim para a velocidade de nosso toque de bola.

NB – Jogávamos pelo empate para garantir o título do primeiro turno. A equipe vinha com média de quatro gols por jogo em todo o campeonato. Pelos desfalques santistas, muita gente esperava mesmo a goleada do Palmeiras. Um absurdo.O impressionante daquilo é que ninguém, digamos, se espantou com o nosso 6 a 0 na Vila. Seria zebra se fosse uma vitória simples.

FG – Desde o primeiro ataque, entramos com tudo. Com 24 segundos, o Cafu quase fez um golaço. Ele e o Júnior, que chegara do Vitória em janeiro, eram os laterais-pontas do Luxemburgo. Não eram alas. Eram laterais. Mas atacavam como pontas. Impressionante.

NB – O esquema tático era um 4-2-2-2 típico daquele tempo. Velloso em grande fase na meta; Cafu e Júnior pelas laterais, com Sandro Blum e Cléber na zaga; Flávio Conceição e Amaral (Galeano) eram os volantes, mas que também avançavam bastante, sem desguarnecer a cobertura dos laterais; na armação, mais à direita, o Djalminha. Pela esquerda, rodando todo o ataque, o Rivaldo. No ataque, mais centralizado, o Luizão. A partir da esquerda, tocando de primeira, ou dando meio toque na bola, o Muller. Taticamente, não tinha nada de inovador. Impressionante mesmo era a qualidade técnica e a velocidade e inteligência na criação de lances.

JEF – Além da ordem expressa do treinador de fazer um gol e não administrar o placar. Buscar o segundo. O terceiro. Sem cansar. Sem menosprezar rival. Tinha de respeitar o adversário jogando bola. Goleando. Encantando.

FG – O Santos estava perdido naquele domingo. Mas tinha Giovani, que até caneta deu no comecinho do jogo. Pena que o árbitro não fez o dele. O Luizão teve a camisa rasgada pelo Sandro com dois minutos, quando escapava sozinho para abrir o placar. Foi uma avalanche nos primeiros 20 minutos.

JEF – Os outros 70 também...

NB – Rivaldo fez de peixinho 1 a 0 para nós. Livre pela esquerda, o Muller cruzou para ele. O lateral direito do Santos (Claudemir) não conseguia achar aquele lado esquerdo com Júnior, Rivaldo e Muller. O bom goleiro Gilberto fazia o que podia. E até dá para dizer que estava com sorte. Aos 6 minutos, o Luizão mandou uma bomba de tremer o travessão.

FG – O time estava com espírito de porco naquele domingo. O Djalminha nascera na cidade na época em que o pai brilhava pelo Santos. Ele queria algo mais naquela tarde. Teve uma jogada que ele arrumou e lançou de letra o Cafu que foi sensacional, aos 8 minutos.

NB – Cafu era um trem pela direita. Não era só a vontade. Era a vitalidade. O que corria e jogava era impressionante. Além disso, o time ganhava todos os rebotes. Vencia todas as disputas de bola. Luizão e Muller cercavam e incomodavam os zagueiros rivais. Djalma e Rivaldo davam um combatezinho na intermediária. Mas o que todo mundo corria era impressionante.

JC – Teve um lance aos 15 minutos em que o goleiro deles salvou duas vezes o gol com a cabeça! Ele estava fora da área e fez o diabo para impedir o nosso segundo gol.

JEF – Na sequência, sem querer, o Rivaldo salvou o segundo, depois de cabeçada do Muller.

NB – O Santos do técnico Orlando Amarelo estava jogando em um 4-1-4-1, com o Giovani isolado no ataque. Os cinco do meio-campo tentavam acompanhar o nosso time e não conseguiam. Também porque a gente não ficava só trocando bola em enorme velocidade. O Palmeiras fazia muita ligação direta. Mas de imensa qualidade com Djalma e Rivaldo lançando velocistas como Luizão e Muller.

FG – Se não era com bola no chão, também fazíamos muitos gols de lances de bola parada. Aos 17, o Djalminha bateu da meia direita na cabeça do Cléber. 2 a 0. Cléber de cabeça. De novo. Não perca a conta. O terceiro gol saiu aos 23 minutos. O Júnior cruzou da esquerda e o Clebão fez mais um.

NB – Além do ataque demolidor, a zaga estava muito bem. E o Velloso, ainda melhor. Nesse jogo mesmo, ele fez grandes defesas. Se não foram os melhores 45 minutos da história do Palmeiras, dificilmente outra equipe jogou tanto na casa do adversário como nós naquele primeiro tempo.

FG – Dois lances inesquecíveis. Um aos 27, uma tabela espetacular, inenarrável até a bomba do Muller por cima. Outro aos 42, quando o time começou a tirar um pouco o pé – para os padrões altíssimos daquela equipe. Foi um meio-toque do Muller para uma letra do Djalma até o Luizão, que deu um drible de vaca por entre as pernas do Sandro, mas bateu por cima.

ANGELO – "Meio toque"? "Drible da vaca com caneta"? Vocês não estão exagerando?

NB – No final do primeiro tempo, o "placar moral" de chances do Palmeiras era de 15 a 3. Tivemos quinze grandes chances para marcar. Eles, três. Uma defesaça com os pés do Velloso, e um tiro de longe do Baiano no travessão. E olhe lá.

JC – O Santos fez duas trocas para tentar evitar mais gols. A sorte deles é que, no primeiro tempo, o gramado onde atacamos estava péssimo. Poderia ter sido ainda pior para eles. Mas a fase era ruim do Santos. O volante Batista saiu lesionado aos 10 minutos. Queimaram a terceira troca com a entrada do então jovem Gustavo Nery na lateral esquerda. O time estava todo remendado. E arrebentado.

JEF – Dois minutos depois, fizemos o quarto gol. Djalminha recebeu uma falta rapidamente cobrada pela direita, rolou para trás para o Cafu chapar e fazer o quarto.

FG – Nossa torcida começou a gritar "é campeão".

NB – Não tinha como não dar certo. Era um time que dava gosto de ver jogar e orgulho de torcer por ele. Com 18 minutos, os torcedores rivais ou pediam Serginho Chulapa como treinador, ou saíam da Vila. Luxemburgo foi trocando o time. Saiu o zagueiro-artilheiro Cléber. O Cafu sairia aos 26, lesionado.

FG – O Santos até chegou mais. O Velloso fez mais uma grande defesa em conclusão do Jamelli. Mas era nossa tarde. Nossa e do grande futebol. Aos 36, pênalti do Luiz Carlos no Djalminha. Muita gente esperava que ele fosse dar aquela cavadinha na cobrança, como fizera em Ribeirão Preto, nos 8 a 0. Mas ele tirou do goleiro e fez 5 a 0.

JEF – Os palmeirenses na Vila berraram por Velloso. Mas aquele era um time muito sério, compenetrado, focado. Ao menos em campo.

JC – O gol que fechou a goleada saiu aos 41. Luizão foi ao fundo e colocou na cabeça de Rivaldo. Ele abriu e fechou a goleada. Ele foi o melhor jogador daquele time de exceção e excelência. Uma seleção palmeirense.

NB –Eu contei 22 chances de gol para o Palmeiras! Vinte e duas! E olha que o Santos teve onze. É muito. Mas o Palmeiras foi demais ali. E em todo o campeonato. Cancelamos as finais do Paulista ganhando antecipadamente o returno. Por coincidência, contra o Santos, no Palestra, no primeiro domingo de junho. Dois a zero, gols de Luizão e Cléber. Outro show de uma equipe histórica. Que merecia muito mais que apenas um Paulistão na galeria de troféus.

JC – Faltou a Copa do Brasil contra o Cruzeiro... Ainda não entendo como perdemos aquele título depois da festa das faixas do Paulistão... Mas essa é outra história. Muito bem respondida em 1998.

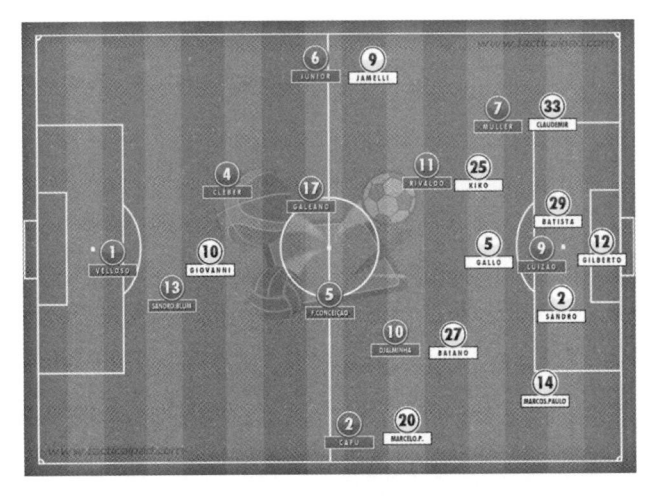

Era um 4-2-2-2 básico dos anos 90. Mas, na prática, parecia um 11-11-22 do trem-bola de Luxemburgo, com o futebol mais bonito daqueles tempos

Troco dado

Palmeiras 2 x 0 Cruzeiro
Copa do Brasil

Data: 30/05/1998
Local: Morumbi
Renda: R$ 453.674,00
Público: 45.237
Juiz: Sidrack Marinho dos Santos
Gols: Paulo Nunes 12' e Oséas 89'
PALMEIRAS: Velloso; Neném, Roque Júnior, Cléber e Júnior; Galeano, Rogério e Zinho; Alex (Arílson); Paulo Nunes (Almir) e Oséas (Pedrinho)
Técnico: Luiz Felipe Scolari
CRUZEIRO: Paulo César; Gustavo, Marcelo Djian, Wílson Gottardo e Gilberto; Valdir, Ricardinho e Marcos Paulo; Bentinho (Caio), Marcelo Ramos e Elivélton (Giovanne)
Técnico: Levir Culpi

ANGELO – Teve algum jogo que você não acreditou na vitória ou no título?

NONNO BEPPE – Teve. A primeira das cinco conquistas do Felipão no Palmeiras. Ele estava completando um ano de clube em 30 de maio de 1998. Havia sido vice-campeão brasileiro em 1997 com dois empates contra o Vasco de Edmundo e Evair.

ANGELO – Normal perder para dois mitos.

NB – No Rio–São Paulo de 1998, paramos nos pênaltis, nas semifinais, contra o São Paulo. No Paulistão, de novo eliminados por eles. Eu não estava acreditando muito na equipe na Copa do Brasil. Prioridade do clube no primeiro semestre, por ser o famoso "atalho" para a Libertadores do ano seguinte.

FERNANDO GALUPPO – A gente era meio zicado nesse torneio que começara em 1989. Pra você ver como não tínhamos sorte na Copa do Brasil, em 1996, aquele esquadrão espetacular do Palmeiras ganhava de tudo e de todos. Era campeão estadual com a melhor campanha do profissionalismo paulista quando entrou em campo para definir a conquista contra o Cruzeiro de Levir Culpi. Um ótimo time. Mas não superior ao nosso. Ainda mais no Palestra.

JOTA CHRISTIANINI – Mas, naquela noite fatídica de 19 de junho de 1996, não era para nós. Ainda mais quando o Muller pulou o muro e voltou para o São Paulo e não jogou a final.

NB – Tanto no jogo de ida em Minas quanto na volta jogamos mais e melhor que o Cruzeiro. Em 180 minutos, tivemos 25 oportunidades de gol. No Mineirão, foi 1 a 1. No Palestra, um golaço do Luizão abriu o placar. Mas uma rara falha do Amaral empatou o jogo ainda no primeiro tempo. No segundo tempo, seguíamos massacrando. Teve três lances que perdemos concluindo a jogada com o Dida batido, atrás de nossos atacantes! Pelas minhas contas, criamos 25 chances em dois jogos e marcamos apenas dois gols na decisão de 1996. Eles tiveram cinco oportunidades e fizeram três. Acontece.

JC – Aquele time espetacular não merecia "apenas" o título paulista de 1996. Devíamos ter ganhado muito mais. Se o Muller não vai pro São Paulo, e se o Rivaldo não é negociado em seguida com o La Coruña, teria sido o maior da nossa história.

NB – Tudo se perdeu no finalzinho daquele jogo. O Palhinha quase fez um golaço pra eles, tocando por cobertura . Mas o Velloso fez uma defesa sensacional e evitou a virada, aos 31 do segundo tempo.

FG – Cinco minutos depois...

NB – Cruzaram uma bola da esquerda, o Velloso se desequilibrou e tentou fazer a defesa em dois tempos. Quando ela quicou no chão, o nosso carrasco Marcelo Ramos deu um toquinho nela...

FG – Ninguém lembra a defesaça do Velloso um lance antes. Só a falha dele no gol do Cruzeiro.

NB – Uma injustiça com um senhor goleiro que muito bem nos defendeu, desde 1989. No Brasileirão de 1994, por exemplo, o Velloso foi fundamental na conquista contra o Corinthians.

JEF – Mas pegaram muito no pé dele depois daquela falha em 1996.

NB – O que o deixou ainda mais vivo e com vontade de dar o troco na decisão da Copa do Brasil de 1998. Contra o mesmo Cruzeiro. Só que no Morumbi.

FG – O Velloso sempre disse que, na semifinal entre Cruzeiro e Vasco, torceu feito louco pelo time mineiro. Só para ter, dois anos depois, a chance de se redimir contra o mesmo adversário.

JC – A Copa do Brasil de 1998 começou com duas vitórias contra o CSA. Na fase seguinte, eliminamos o Ceará, empatando lá e ganhando por 6 a 0 no Palestra. Nas oitavas de final, perdemos a primeira partida para o Botafogo por 2 a 1, no Rio. Na volta, no Palestra, o ex-gremista Agnaldo fez o gol da classificação. Além do Felipão e do preparador Paulo Paixão, Arce, Paulo Nunes, Arílson e Agnaldo faziam a base gremista e copeira do novo Palmeiras mais competitivo. Era uma ideia do Felipão. Aliar ao conceito acadêmico do Verdão uma alma mais peleadora, pegadora..

FG – Nas quartas de final da Copa do Brasil, já eliminados do Paulistão, e com bons reforços como o atacante Almir e o meia Darci (outros que surgiram no Grêmio anos antes), ganhamos bonito do Sport por 2 a 0, na Ilha do Retiro. Na volta, empatamos por 1 a 1 e nos classificamos.

NB – Nas semifinais enfrentamos o Santos. No Palestra, saí decepcionado. Só 1 a 1. Um empate sem gols na Vila Belmiro bastaria para eles. Eles tinham um time bem dirigido pelo Emerson Leão. E com dois ex-palmeirenses jogando muito e querendo mostrar serviço contra nós...

JEF – O Viola fez 1 a 0, mas não imitou porco. O Muller jogou muito. Mas o Palmeiras foi cirúrgico. O Oséas e o Darci (que também jogara pelo Santos) viraram o placar. O Argel (que jogaria no Palmeiras mais tarde) empatou só aos 47. Pelos gols marcados fora de casa, estávamos em mais uma final de Copa do Brasil.

NB – Para alegria do Velloso. Mas para muita desconfiança nossa. Até então, a equipe do Felipão não rendera muito. Falhava demais nas decisões. Era muito provável que, se não vencêssemos a Copa do Brasil de 1998, o Felipão não permaneceria no clube.

JC – Perdemos o primeiro jogo final para o Cruzeiro, no Mineirão, em uma terça-feira à noite. Um a zero, gol do Fábio Júnior. Era o grande nome do ataque cruzeirense. Foi a grande ausência deles no jogo de volta no Morumbi, no sábado à tarde. No dia seguinte, o Brasil enfrentaria o Athletic, em Bilbao, se preparando para a Copa de 1998. O que havia tirado Dida do elenco cruzeirense.

NB – Mas também estávamos sem Arce, grande lateral direito do Paraguai. Nosso principal cobrador de faltas, ele já havia feito três gols de falta na Copa do Brasil.

FG – Fazia muito frio naquele sábado. Tempo feio com cara de chuva. Mais ou menos como em 12 de junho de 1993. No mesmo estádio. Com o mesmo Zinho jogando demais! Foi o melhor em campo.

NB – O Felipão armou o time no 4-3-1-2, quase um 4-2-2-2 com o avanço do Zinho. Velloso foi o nosso goleiro. Neném substituiu o Arce na lateral direita e foi melhor que o esperado, ainda que tenha sofrido com o Elivélton e o Gilberto no primeiro tempo, e com o Giovani na segunda etapa. Roque Júnior e Cléber fizeram uma zaga segura, com Júnior discreto na lateral esquerda. Na cabeça da área, o Galeano marcou com o Rogério, que saiu mais pela direita e foi um dos melhores do time. Pela esquerda, no losango do meio-campo, o Zinho marcou, armou e também atacou. Foi melhor que o Alex, que fez partida muito abaixo do espetacular potencial de um dos maiores camisas dez que vi.

ANGELO – Foi nesse ano que o Oséas marcou um gol contra a favor do Corinthians?

NB – Foi. No empate por 1 a 1, pelo Paulistão. O Marcelinho Carioca bateu um escanteio cheio de efeito, o Oséas subiu sozinho, viu aquele gol todo à disposição. Daí...

FG – Quase matou de susto o Velloso e de rir o Morumbi...

JEF – Dizem que foi o instinto animal do goleador...

NB – Não sei qual animal. Mas é aquela coisa de reflexo condicionado. Ele era ótimo atacante e cabeceador. E, por vezes, meio desligado, como naquele lance. Achava que seria empurrado por um rival. Acabou empurrando a bola para dentro de nosso gol.

JC – Na semana seguinte ao gol contra, em um treino na Academia, o Alex tropeçou duas vezes e caiu. O Oséas passou por ele e brincou: "Presta atenção no serviço, Alex!" E o Alex respondeu rindo: "Eu é que tenho de prestar atenção, Oséas?" E todo mundo riu.

NB – O atacante baiano não era um Einstein, muito menos um Evair. Mas funcionava na área. Também saía bem dela, e fez uma bela parceria com o Paulo Nunes, que corria muito, pelos dois lados e dava muitas opções ao ataque. Naquele sábado, o Oséas saiu bastante da área e jogou mais pela direita. O Paulo Nunes entrava em diagonal.

JEF – Foi assim nosso primeiro gol. Aos 11 minutos, o Roque fez belo lançamento pro Oséas ganhar do Gottardo, ir ao fundo pela direita e bater pro Paulo Nunes dividir com o Marcelo Djian (outro remanescente do 12 de junho de 1993) e abrir o placar.

NB – Ainda faltava um gol para o título. Se fosse mantido o placar, iríamos para os pênaltis.

FG – O que, até então, era sinal de que iríamos nos estrepar. Só a partir de 1999, viramos a sorte nos pênaltis. E viramos santos e campeões.

NB – Seria muito duro fazer 2 a 0 no Cruzeiro. Time bem armado pelo Levir Culpi. Jogava praticamente no 4-3-3, com três volantes e três bons atacantes. Só tinha perdido três jogos em 1998. Nenhum por dois gols de diferença.

NB – Se o Palmeiras tivesse mantido o pique inicial, poderíamos ter feito os 2 a 0. Tivemos seis chances em 18 minutos. O Zinho jogava por todos os lados, e a ligação direta com o ataque estava funcionando. O primeiro lance deles foi só com 20 minutos de jogo. Quando eles começaram a marcar um pouco mais à frente e trocar melhor a bola. Com meia hora eles já estavam melhores que nós.

JEF – O árbitro Sidrak Marinho não estava bem. Deixou o pau comer dos dois lados.

NB – Naquela quermesse de balões que estava o nosso time, o Alex estava com torcicolo só de ver a bola voando de um lado para o outro sem aproveitá-lo devidamente. Mas ele também não estava bem.

FG – Eles quase empataram em um sem-pulo do Marcelo Ramos, sempre ele, aos 44 minutos.

JC – Merecemos a vantagem no primeiro tempo. Mesmo com o Cruzeiro melhor na metade final da primeira etapa, tivemos oito chances de gol contra apenas duas dos mineiros.

NB – Jogamos pior na segunda etapa. Tivemos poucas chances. Das poucas bolas que finalizamos com algum perigo teve uma a 1 minuto e meio que só lembrei agora, revendo o jogo em DVD. Uma falta de longe, da meia-direita, que também saiu longe. Um lance que lembro bem de ter falado na hora, na arquibancada: por que o Zinho vai chutar de tão longe...

FG – Pois é...

NB – Sem o Arce, ele havia se tornado o principal cobrador de faltas da equipe. Mas de infrações próximas à área. Não dali. Não era o caso.

JC – Pois é...

JEF – O Cruzeiro mandou no segundo tempo. O Alex caiu tanto de produção que foi trocado pelo Arílson, aos 22. O que nem por isso justifica a troca. O Arílson tinha chegado até a seleção, em 1996. Mas no Palmeiras foi uma negação. Errava quase tudo, mal corria, mal jogava.

FG – Aquele segundo tempo pareceu durar anos. Erramos ainda mais os passes, nos enervamos e vimos o Cruzeiro jogar. O Ricardinho dominou o meio-campo. Pra piorar, aos 21 minutos, o Paulo Nunes sentiu a perna e saiu. Entrou o Almir, ótimo atacante, mas que não estava no mesmo ritmo e entrosamento.

JC – O Alex realmente não foi o que foi em muitos jogos decisivos, a partir da conquista da Mercosul de 1998. Ele não estava bem. Mas um craque não se tira. O Felipão brincou com a sorte ao trocá-lo pelo Arílson. Até porque o Alex poderia bater pênalti. Assim como o Paulo Nunes, que teve de sair.

NB – Mas a sorte era nossa. Não conheço campeão azarado. O Cruzeiro estava melhor mas finalizava pouco. Ainda assim, melhor que o Arílson, que deu um chute de pé direito bizarro, aos 33. Sem contar um lançamento bisonho que ele deu logo depois.

FG – Eu temia pelo pior. Não por um gol mineiro, que praticamente acabaria com tudo. Mas pelos pênaltis. O jogo estava fedendo para isso.

NB – Pênalti não é loteria. É frieza, tranquilidade, treino, categoria. Um monte de coisa. Muitas que estavam faltando ao time. Mas não faltava incentivo da torcida. Gritamos quase todo o tempo. Embora, aos 31, eu aderi ao grito de "raça, Verdão". Parecíamos mais cansados que o Cruzeiro.

FG – O time deles seria vice-campeão brasileiro no final do ano (inclusive nos eliminando) e vice-campeão da primeira Copa Mercosul. Não por acaso, vencida pelo Palmeiras.

JC – A experiência adquirida no Mercosul seria fundamental depois para aprendermos a jogar e ganhar a Libertadores, em 1999. Torneio que disputamos exatamente por aquilo que faríamos no final de um jogo muito duro naquele sábado no Morumbi.

FG – Aos 36 minutos, quando o Galeano errou um passe e jogou para a lateral, achei que estava tudo perdido. Só não saí do estádio porque não há como deixar o Palmeiras na mão. Cheguei a me levantar quando cavamos uma falta na meia-esquerda. O Zinho bateu com efeito, o Paulo César relou na bola e ela explodiu no travessão. Eram 38 minutos. A única chance nossa no segundo tempo. Era pouco. Mas por pouco não foi tudo. Mas fiquei meio encanado.

NB – Eu tinha convicção. Não ganharíamos o título.

JEF – Aos 40 minutos, começou a chover mais pesado. E a nossa torcida gritando ainda mais forte.

NB – Aos 43 minutos, o Almir foi derrubado pelo Marcelo Djian, na meia-direita. Falta discutível. Mas ninguém do Cruzeiro reclamou.

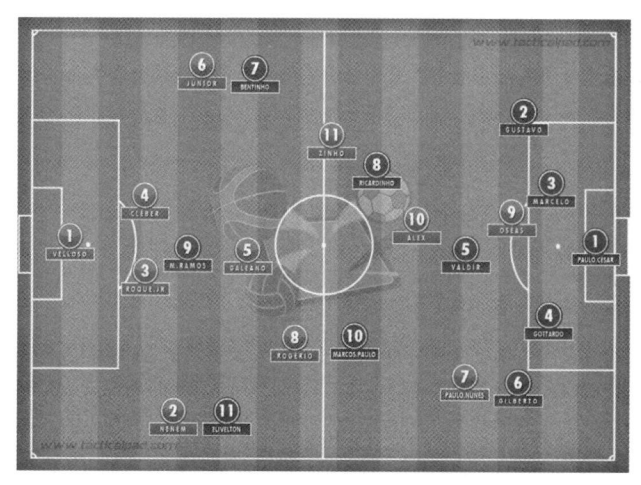

Felipão armou o Palmeiras no 4-3-1-2 básico, com Zinho se tornando muitas vezes um segundo armador, pelo lado esquerdo

FG – Eu só reclamei quando vi o Zinho, de novo, para bater uma falta que era muito de longe.

NB – O Rogério e o Arílson encostaram para bater. Apesar da chuva que atrapalhava o goleiro, pela distância, pensei que o Palmeiras poderia fazer alguma jogada, levantar a bola na área, qualquer coisa. Menos o Zinho chutar direto. Já vi muito jogador do Palmeiras dizendo o mesmo. O Velloso, quando viu a falta de longe, lá da meta dele, pensou igual. Ele falou: "Para que o Zinho vai chutar daí...? Não é falta para ele." Mas o filho do Sr. Crizan nasceu para ser campeão...

FG – O Zinho chutou lá de longe. O Paulo César foi encaixar a bola e ela escapou das mãos dele, bateu no queixo e sobrou quase na linha de fundo, perto da trave esquerda.

JC – O Oséas veio feito um Oséas e fechou os olhos. Não viu o Almir livre ao lado dele. Nem o Galeano chegando com dois cruzeirenses. Sem o menor ângulo, cabimento, chance, juízo, ele deu uma pancada que raspou o travessão e foi morrer no canto direito alto da meta do Cruzeiro.

NB – O Velloso disse que mais ouviu a torcida que viu o gol. Ele só viu a bola inflando o alto da rede do Cruzeiro. Eu mesmo levei um tempão para entender o lance. Celebrei mais pelo grito da torcida que por ter sacado que a bola entrara.

FG – A celebração do gol foi como se fosse uma ola sonora da arquibancada. Muita gente no Morumbi mais ouviu o grito da galera que viu o gol do Oséas. Até porque nem ele entendeu o que fez. As pessoas gritaram gol mais pela celebração da torcida e dos jogadores que pelo que viram o Oséas fazer.

JEF – O pessoal do banco conta que, quando o Paulo César deu o rebote e o Oséas se preparou para dar aquela castanhada, o Felipão se levantou e começou a xingar o centroavante, que deveria rolar para trás para o Almir livre, na pequena área, sem goleiro. O Felipão continuou xingando o Oséas do mesmo jeito quando entendeu que aquele chute totalmente sem nexo era o gol do 2 a 0. O gol do título. Aos 44 minutos. Ele continuou berrando. Mas agora era de alegria e alívio.

NB – Eu não fui muito confiante ao Morumbi. Fui perdendo a confiança com o jogo. Confesso que poucas vezes me emocionei tanto como naquele gol e a vitória que veio quatro minutos depois. Aquele título nos levou para a Libertadores que conquistaríamos um ano depois.

JC – Conquistas que começaram naquela tarde de frio e chuva. Quando Oséas fez um gol mais improvável que o gol contra que fizera a favor do Corinthians meses antes.

NB – Gol do título que, com dois anos de atraso, redimiu o espetacular Palmeiras de 1996. E fez justiça ao dar a segunda chance a Velloso. Dando a nós a primeira das muitas sensações que teríamos quando conduzidos pelo Felipão. Quando muitas vezes vivemos e viramos milagres. Como na próxima história que vou contar. Uma epopeia que começou a nos dar a Libertadores de 1999.

Virando o jogo

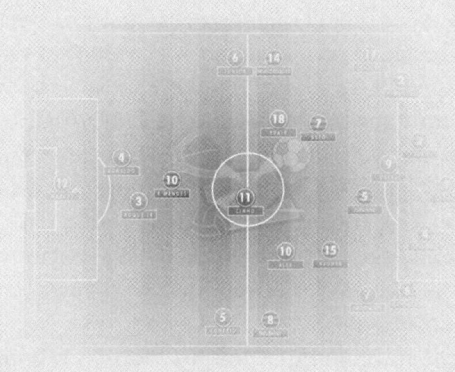

Palmeiras 4 x 2 Flamengo
Copa do Brasil

Data: 21/05/1999
Local: Palestra Itália
Juiz: Antônio Pereira da Silva
Gols: Rodrigo Mendes 1', Oséas 56', Rodrigo Mendes 59', Júnior 60', Euller 86' e Euller 88'
PALMEIRAS: Marcos; Arce (Euller), Roque Júnior, Agnaldo e Júnior; César Sampaio (Evair), Rogério e Zinho; Alex; Paulo Nunes e Oséas (Galeano)
Técnico: Luiz Felipe Scolari
FLAMENGO: Clemer; Pimentel, Fabão, Luiz Alberto e Athirson; Jorginho e Maurinho; Beto e Rodrigo Mendes; Caio (Bruno Quadros) e Romário (Vágner)
Técnico: Carlinhos

ANGELO – Duvido, Nonno, que a torcida do Palmeiras tenha um dia jogado melhor que naquela partida da Libertadores de 2013 contra o Libertad. Nosso time era limitado, tinha doze desfalques, e a torcida carregou a equipe com uma paixão ilimitada.

NONNO BEPPE – Aquela noite no Pacaembu foi uma das maiores vitórias de um dos menores times do Palmeiras. A gente ainda estava distante de ser campeão mais uma vez. Mas não estava mais distante do Palmeiras como passamos uns anos terríveis nesta década. Até quando vencemos a Copa do Brasil de 2012 contra o Coritiba, também com um time fraco. Foi uma vez mais que se superou sob o comando do Felipão.

ANGELO – Ele foi o melhor técnico da nossa história?

NB – Até nisso somos privilegiados. O Brandão começou a carreira de treinador campeão estadual em 1947 com "a defesa que ninguém passa". Luxemburgo montou algumas Vias Lácteas com as vacas gordas das estrelas dadas pela Parmalat, nossa cogestora, de 1992 a 2000. E o Felipão ganhou quase tudo, de 1997 até 2000, antes de ser campeão mundial pelo Brasil em 2002. Naquela seleção tinha São Marcos no gol, Cafu e Roberto Carlos nas alas, Roque Júnior na zaga, Rivaldo na armação. E Júnior, Juninho Paulista, Edmílson, Luizão, Edílson e Denílson, que haviam jogado ou jogariam no Palmeiras. Para o Brasil ser campeão do mundo precisa ter pelo menos um palmeirense em campo. Ou no banco. Como foi o Felipão na Ásia. Como foi muito importante o Luxemburgo em 1993.

ANGELO – Mas por que a torcida muitas vezes pega no pé dele?

NB – Futebol é assim. Criticaram muito o Luxemburgo quando saiu no fim de 1996, depois de fazer um time espetacular no primeiro semestre. Mais ainda quando deixou o clube no começo do Brasileirão de 2002, quando... Bem, quando... Ele só foi demitido do Palmeiras no começo do Brasileirão de 2009. Não sei se era o caso. Mas, enfim, o torcedor muitas vezes é ingrato. É só ver o que cobraram o Felipão depois de dois anos com um elenco modesto, de 2010 a 2012. Mesmo ganhando a Copa do Brasil invicto no último ano, ainda reclamavam o tempo todo dele – ainda que com alguma razão por erros que ele cometera.

ANGELO – Nossa turma do amendoim não é fácil...

NB – Todo craque, no Palmeiras, é um bagre céfalo para a torcida. Somos assim. Muito corneteiros. Muito exigentes. Mas também porque o Campeão do Século não se contenta com pouco. Sempre exigimos muito. Jamais demais. É muito amor. Incondicional. O Felipão foi um treinador que conseguiu incutir no clube um outro tipo de jogo. Não mais apenas "acadêmico". Ele também fez borbulhar nosso sangue verde como se fosse San Gennaro. Em 1999, ele não só treinou muito bem um elenco muito bem preparado fisicamente pelo Paulo Paixão. Ele também treinou a imprensa para falar o que ele queria. Mais que tudo: ele treinou o palmeirense a ser ainda mais palmeirense. Como ele mesmo, gremista histórico, também virou palestrino.

JOSÉ EZEQUIEL FILHO – Poucas vezes vi um Palestra tão lindo. Poucas vezes vi virada espetacular como aquela das quartas de final da Copa do Brasil de 1999. Era nosso 41º jogo na temporada! E era apenas o mês de maio.

FERNANDO GALUPPO – Mas parecia ser o último jogo de nossas vidas. Acabou mesmo sendo o primeiro jogo da conquista da Libertadores. Naquela virada sobre o Flamengo sentimos que podíamos tudo.

JOTA CHRISTIANINI – A Copa do Brasil de 1999, assim como o Paulistão, não era prioridade. Queríamos a Libertadores que conquistaríamos um mês depois. Também pelo modo como viramos no Flamengo. E fizemos história.

NB – Cléber, com lesão muscular, era desfalque na zaga. Como Júnior Baiano. Atuamos com Roque Júnior e Agnaldo Liz à frente do Marcos. Arce e Júnior eram os laterais que atacavam sempre, especialmente o baiano. Ele saía driblando todo mundo e criava lances pela esquerda com o Zinho. César Sampaio era o cabeça-de-área. Rogério também marcava pela direita. Na esquerda, armando e cercando, o incansável Zinho. Na ponta mais ofensiva do losango na intermediária, o craque Alex – que não fez um grande jogo. Diferentemente do que faria uma semana depois, comandando a goleada e o show contra o River Plate, no jogo de volta da semifinal da Libertadores.

NB – No ataque, Paulo Nunes corria pelos cantos, e Oseás era o pivô no comando de ataque. Um ótimo time que se superou e fez daquela virada na Copa do Brasil o mote para conquistar a América.

JC – E você corneteando o Alex... Com 30 segundos, ele deu um chapéu para mostrar quem mandava no Palestra!

JEF – O problema é que, 20 segundos depois, o Rodrigo Mendes aproveitou bobeada defensiva nossa e fez o primeiro gol de pé direito dele pelo Flamengo.

FG – O jogo de ida no Maracanã havia sido 2 a 1 para eles. Precisaríamos de um 3 a 1 para classificar sem pênaltis. Não seria fácil. Eles tinham um ótimo time, com o Romário no comando do ataque e jovens talentosos como Athirson pela lateral esquerda.

NB – Nossa torcida começou incentivando muito. E também não é fácil superar o entusiasmo do rubro-negro. O Flamengo levou muita gente ao Palestra.

JC – Eles marcaram muito bem a gente no primeiro tempo. Chegamos mais nas bolas paradas que nas construídas. Teve uma cabeçada do Sampaio no travessão, aos 14. Alex também mandou uma bola no travessão, aos 19 minutos. Ainda era pouco.

JEF – Eu estava preocupadíssimo. O Flamengo bem em campo e com ótima vantagem. A gente chegando só de longe, ou na bola parada. E aquela questão: não seria melhor parar por ali na Copa do Brasil? Poupar o elenco para a Libertadores e, se não atrapalhasse, para a disputa do Paulistão?

NB – Só sei que estava meio me conformando com a eliminação no final do primeiro tempo. Afinal, tivemos oito chances de gols e não fizemos. Eles chegaram só três vezes e, na primeira, fizeram a vantagem. Lembro de estar com amigos quando, meio desanimado, olhei para o gramado. Vi uma placa de publicidade que estava perto da ponta direita do nosso ataque no primeiro tempo. Estava escrito: "São João da Barra, o Conhaque do Milagre". Era um sinal!

FG – Sou mais São Marcos.

NB – Vocês podem rir de mim. Mas comecei a achar que dava para virar e vencer naquela hora. Eu sempre acreditei na mística das meias brancas em jogos decisivos. Em outras coisas que tenho vergonha de contar até...

ANGELO – Sei! Quando você pedia para a Nonna ficar passando na frente da TV para sair gol do Palmeiras!

NB – Pois é. Coitada dela! O pior é que isso começou nos tempos da Taça de Prata, em 1981. Ela ficou todos os anos 1980 andando de um lado pra outro, na sala, na frente do televisor!

JC – Para ser campeão é preciso time. Elenco. Planejamento. Competência. Dinheiro. Nunca vencemos nada com times mais ou menos.

NB – Vencemos sim! Em 2012 ganhamos a Copa do Brasil com um time bem fraco. O mesmo que depois, no final do ano...

ANGELO – Não fala, Nonno!

JC – Mas eram times que se superavam. Como aquele de 1999.

NB – Um time de grandes jogadores, claro. E grandes palmeirenses. Que viraram o jogo. Viraram história. De fato, ninguém fez uma partida soberba naquele primeiro tempo. A equipe esteve abaixo da média. Eles tinham um bom time e jogaram bem. Era aquela equipe que acabaria tricampeã estadual até 2001. Começaram melhor que a gente no segundo tempo, também.

FG – Parecia que a gente pensava na outra semana, na volta contra o River Plate. Ou mesmo no jogo de domingo pelo Paulistão contra a Matonense.

JC – Eles tiveram outra chance aos 8, com o Athirson, que estava bem solto no segundo tempo. O Carlinhos, treinador deles, avançara o lateral como se fosse um ala. Felipão respondeu rápido e colocou, aos 11 minutos, o Euller. Saiu o Arce, que era um dos que mais haviam jogado em 1999. O Rogério, que jogou muito, foi para a lateral direita. O Zinho ficou mais preso e mais atrás pela esquerda. Quase como um volante. O Alex encostou mais no Oséas, que passou a ter o apoio pelas pontas do Paulo Nunes e do Euller. Do 4-3-1-2 passamos ao 4-2-1-3.

JEF – O meia-atacante Rodrigo Mendes sentiu a perna. Era o quarto jogo deles em sete dias! Eles nem tinham sete reservas para o clássico. A maratona também era pesada para o Flamengo.

FG – Mas nós sofríamos mais que eles. Jogávamos a Libertadores, o Paulista, a Copa do Brasil e também tínhamos disputado o Rio–São Paulo no começo do ano!

NB – Esse cansaço me fazia crer que não daria para a gente correr atrás deles.

JC – Mas ali era Palmeiras! Aos 11 minutos empatamos. Zinho bateu, o goleiro Clemer não segurou, e o nosso armador ajeitou com categoria para o Júnior cruzar da esquerda. A bola desviou no Fabão e sobrou limpa para o Oséas finalizar de canhota.

NB – Faltava só um gol para os pênaltis. Ou dois nossos para a classificação!

JEF – Mas não deu um minuto e uma falta inexistente foi marcada pelo goiano Antônio Pereira da Silva. A bola bateu na mão do Agnaldo, na meia direita. Não foi mão na bola. Não foi nada!

NB – Acabou sendo um golaço do Rodrigo Mendes de falta. E ele estava sentindo a perna...

FG – Dois a um para eles, exatamente 2 minutos e 20 segundos depois do nosso gol.

NB – Para mim, acabou tudo ali. Tínhamos de vencer por 4 a 2, pelo critério do gol marcado fora de casa. Nem a saída do Romário, por lesão, nos ajudava muito naquele instante.

JEF – O Carlinhos fechou o Flamengo ainda mais. Deixou o Rodrigo Mendes na frente com o Caio e encheu de volante atrás, com o Beto para armar.

NB – Mas, aos 15 minutos, em um chute de longe do Júnior, a bola bateu no gramado e tirou o Clemer da jogada. 2 a 2! Pelo menos, acabamos com aquela festa de título mundial da torcida deles.

JC – Mas ainda faltavam dois gols!

NB – Então, com 15 minutos, o Palestra voltou a pegar fogo. O Júnior largou a lateral de vez e foi armar pela esquerda. Mas ainda estávamos nervosos. Paulo Nunes e Euller trocaram de lado.

JC – O Diabo Loiro estava nervoso como eu. Levou cartão amarelo bobo, por reclamação.

JEF – Era um time bem pilhado pelo Felipão. Também pela torcida.

NB – Com a entrada do Euller pela direita, o Athirson teve de só marcar. O Flamengo perdeu o contragolpe. Mais ainda aos 24, quando o atacante Caio saiu lesionado. Entrou o volante Bruno Quadros pela direita, só para tentar conter o Júnior. Eles passaram a jogar no 4-1-4-1, só com o Rodrigo Mendes no ataque.

JC – O juizão parava o jogo por qualquer coisa. Ele picotava a partida que não andava. Já o relógio...

NB – Até olhei para ele nessa hora quando o Felipão botou o Evair para aquecer. O Euller fez bom lance e mandou de canhota para a defesa do Clemer. Eram 28 minutos.

FG – Mesmo todo fechado, o Flamengo estava mais perigoso no contragolpe. Nossa torcida estava ficando quieta. A deles berrando "Mengo".

NB – Mas, aos 31, Matador em campo!

JEF – Saiu o César Sampaio. O Zinho ficou como cabeça de área!

NB – Alex foi para a meia direita, o Evair entrou com enorme raça e disposição na meia esquerda. Que jogador! Euller e Paulo Nunes pelas pontas, Oséas no comando do ataque. Era um 4-3-3 com dois pontas de ofício, dois centroavantes e dois meias!

FG – Era o tudo ou nada. Com o Evair, eu me sentia mais tranquilo. Ou mais esperançoso. Sei lá.

NB – Mas teve uma virada de jogo que o Rogério mandou lá na arquibancada. Eu até sentei... Sabe aquela jogada para o torcedor sair do estádio que mais nada vai acontecer?

JEF – Não naquele dia. A gente não acreditava que pudesse virar. Mas algo nos mantinha lá. Não era só o Palmeiras. Era algo superior.

NB – Isso. Tipo o Ademir da Guia. São Marcos. Evair...

FG – Mas havia algo maior a favor do Flamengo. Aos 35, o Rodrigo Mendes driblou dois até ser desarmado pelo Alex. Nosso 10 avançou, passou por dois e chutou de pé direito, de fora da área, na trave do Clemer! No rebote, o Euller emendou de canhota. No travessão!

JEF – O Oséas tentou de cabeça o novo rebote e não deu. Que zica! Duas na trave em um só lance.

NB – O Clemer ainda espalmou aquela primeira bola. Mas seria demais um gol de pé direito do Alex, né?

FG – Tanto quanto um gol de canhota do destro Euller, né? Estava tudo virado naquele jogo.

JEF – Mas ficaria tudo virada logo depois. E com gols de cabeça de um cara baixinho...

JC – As duas bolas na trave mexeram com tudo. O Palestra pegou fogo.

NB – Era um time que sabia trabalhar bem as bolas. Mas era muito forte no jogo aéreo.

FG – No escanteio pela esquerda, o Júnior bateu aberto, o Oséas se agachou para cabecear no meio da área. O Euller apareceu sozinho e cabeceou na pequena área para o Paulo Nunes. No meio do caminho, o Athirson salvou com o peito. No rebote, o Euller cabeceou para dentro. 3 a 2!

NB – Eu não vi mais nada. Me emocionei tanto que perdi o fôlego.

JC – Como o garoto Enzo que foi filmado pela TV Globo vibrando muito.

NB – Mas ainda não era nada. Faltava um gol. Eram 41 minutos.

JEF – Ainda faltava 1 minuto e 31 segundos.

NB – Noventa e um segundos? Para mim foram mais 90 minutos!

FG – Ainda faltava um gol. Ainda sobrava gás e alma para nós.

JC – Euller avançou pela ponta esquerda e cavou um escanteio pelo setor. Ele foi para a área de novo.

NB – O Júnior cobrou mais forte que da primeira vez. Desta vez no segundo pau. Para onde estava o Evair. O matador cabeceou. A bola bateu no Roque Júnior e numa montanha de flamenguistas. O Clemer estava bem fora do gol.

FG – O rebote procurou quem sabe. O Evair bateu de canhota, o Clemer desviou e a bola pegou na canela do Agnaldo, dentro da pequena área. Ela pegou efeito e subiu quase em cima da risca. Oséas subiu para testar, mas o zagueiro Fabão conseguiu dividir e afastar pra frente.

NB – Na corrida, o Euller se antecipou ao Clemer e, meio de lado, sabe lá como Ademir da Guia, o Euller tocou cruzado, no canto esquerdo deles.

JC – Só de contar me emociono de novo. Foi um daqueles gols que a gente não consegue gritar.

JEF – Poucas vezes não consegui me mexer numa celebração. Estava catatônico.

FG – Os rivais também.

NB – Deve ter sido um dos gols mais celebrados da história do Palmeiras e do Palestra. Um dos gols em que as pessoas menos conseguiram gritar. Aos 42 minutos e 53 segundos.

FG – Um dos jogadores do Flamengo perguntou a um dos nossos se o 4 a 2 levava aos pênaltis. Nosso craque, esperto, disse que sim, que seria melhor eles tocarem a bola... Hahahaha!

NB – Eu fiquei ainda mais lesado que o nosso rival, na sequência. No primeiro ataque, quase o Rodrigo Mendes faz. No segundo, aos 45minutos e 46segundos, ele cruzou da esquerda, a bola passou por nossa zaga e, no segundo pau, o Pimentel entrou de carrinho e mandou a bola na trave esquerda do Marcos!

JC – Eu não via mais nada.

NB – Eu não acreditava nem na virada e nem nos ataques deles. No lance seguinte, de novo, o Rodrigo cruzou da esquerda, de novo o Pimentel apareceu livre, mas ele dominou mal a bola na coxa.

FG – Só consegui ver alguma coisa no apito final. Quando o Felipão atirou o boné dele para a torcida e ficou celebrando feito louco. Feito palmeirense no Palestra e no Brasil.

JEF – Não ganhamos a Copa do Brasil. Fomos eliminados nos pênaltis pelo Botafogo, no Maracanã, na semifinal. Mas, naquela classificação, começamos a ganhar a Libertadores.

NB – Ali vimos que não havia limite para sonhar e lutar. Ali era Palmeiras. Com um time ótimo. E uma torcida de raça.

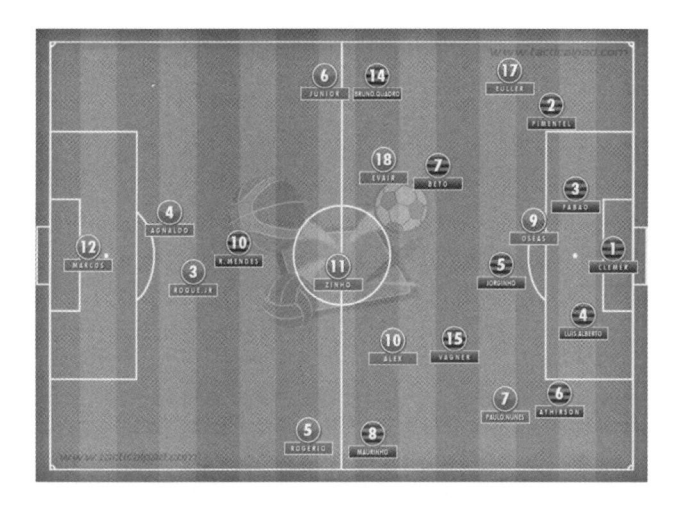

No final do jogo, Felipão armou o time com um meia como volante (Zinho), um atacante como um dos meias (Evair), dois pontas, e um centroavante

A conquista da América

Palmeiras 2 x 1 Deportivo Cali – COL
Copa Libertadores da América

Data: 16/06/1999
Local: Palestra Itália
Público: 32.000
Juiz: Ubaldo Aquino (Paraguai)
Gol: Evair 64', Zapata 69' e Oséas 75'
Decisão nos Pênaltis: Palmeiras 4 x 3 Deportivo Cali
Gols do Palmeiras: Júnior Baiano, Roque Júnior, Rogério e Euller (Zinho perdeu)
Gols do Deportivo Cali: Dudamel, Gaviria e Yepes (Bedoya e Zapata perderam)
PALMEIRAS: Marcos; Arce (Evair), Júnior Baiano, Roque Júnior e Júnior; César Sampaio, Rogério e Zinho; Alex (Euller); Paulo Nunes e Oséas
Técnico: Luiz Felipe Scolari
DEPORTIVO CALI: Dudamel; Pérez (Gaviria), Mosquera, Yepes e Bedoya; Zapata, Viveros, Betancourt e Córdoba (Valencia); Candelo e Bonilla
Técnico: José Hernández

ANGELO – Aposto que você não viu os pênaltis da final da Libertadores! Te conheço, Nonno...

NONNO BEPPE – Não vi, netinho. Mas ouvi lá de fora do Palestra. Depois de expulsar o Evair por nada, aos 49 minutos, o árbitro paraguaio acabou o jogo sem acrescer o tempo devido. O mesmo Ubaldo Aquino que nos tiraria o bi da Libertadores, em 2001, armando o apito na Bombonera contra o Boca, apitou o final uns cinco minutos antes! Meu velho coração palestrino não aguentou. Saí das numeradas e fui pro pátio dos milagres. E vi, na alameda dos bustos, um senhor alto, forte, cabelos negros como o bigode. Nosso mito. Nosso manto azul na meta: Oberdan Cattani. Ele parecia conversar com cada uma das estátuas: o Junqueira, grande capitão da virada do Palestra para o Palmeiras; o Pai da Bola, Waldemar Fiúme e o Divino Ademir da Guia.

ANGELO – Eu sei dessa história, Nonno! Ele ficou orando e pedindo aos ídolos para ajudarem o Palmeiras nos pênaltis, né?

NB – Isso! Como tantas vezes fez o Oberdan como nosso goleiro, de 1940 a 1954. Ele nasceu em um 12 de junho. Tinha de ser! Em 1999, cinco dias depois de ele completar oitenta anos, o Palmeiras conquistaria a América que já deveria ter sido nossa em 1961, contra o Peñarol. Poderia ter sido nossa em 1968, contra o Estudiantes. Teria boas chances de ter sido em 1994, se a mesma diretoria que nos levou fora da hora para o Japão numa excursão sem pé e só com o bolso também não fosse a mesma que aceitou uma virada de mesa na véspera da decisão contra o Deportivo Cali.

FERNANDO GALUPPO – O Palmeiras foi sacado do Mundial da Fifa, em janeiro de 2000, na véspera da decisão da Libertadores de 1999. Tudo isso precisamos superar naquela quarta-feira à noite.

ANGELO – O Deportivo Cali era bom?

NB – Time chato. Catimbeiro, bem armado no 4-4-2 da época. Com Bonilla mais à frente, Zapata na cola do Alex, Candelo e Viveros marcando e também jogando. Ganhou merecidamente por 1 a 0 na Colômbia. Mas não era melhor que o nosso. Se o time do Felipão fizesse na decisão o que fizera no jogo de volta das oitavas de final, contra o Vasco, em São Januário, teria sido muito mais fácil. Naquela noite, no Rio, o Alex fez tudo. Ganhamos por 4 a 2 e eliminamos o então campeão sul-americano. Nas quartas de final, ganhamos nos pênaltis o dérbi, quando São Marcos foi canonizado. Passamos depois pelo River, depois de um show de nosso goleiro em Núñez (lá perdemos só por 1 a 0 por obras e milagres dele) e de um espetáculo de Alex e bela companhia na volta, no Palestra. Se nós tivéssemos jogado na final o que o fizemos naqueles 3 a 0 contra os argentinos, não teria disputa de pênaltis.

ANGELO – A Libertadores foi uma pedreira, então.

JOSÉ EZEQUIEL FILHO – Quase sempre é, para o campeão. Mas, em 1999, foi especial. A primeira fase teve o dérbi paulistano e o clássico de Assunção (Olimpia e Cerro Porteño). Os times paraguaios eram bons. O nosso rival paulistano era ótimo. Jogou até melhor que a gente nos dois jogos das quartas de final, tanto que canonizou o Marcos. Mas, sabe como é, né... Na dúvida, na dividida no dérbi... Eles até acabariam ganhando o Paulistão de 1999. Mas, convenhamos, só o Palmeiras para jogar para ganhar três campeonatos ao mesmo tempo! Libertadores, Copa do Brasil e Paulistão de 1999!

ANGELO – Vencemos um só...

NB – Mas ganhamos o mais importante! Decidindo três torneios em doze dias! Cinco partidas em menos de duas semanas. Numa quarta-feira, 10 de junho, fizemos a primeira partida da decisão da Libertadores, em Cali. Na sexta à noite, no sagrado 12 de junho, perdemos nos pênaltis a semifinal da Copa do Brasil para o Botafogo, no Rio, com dez titulares. No domingo à tarde, a única vez desde 1902 no Paulistão que um finalista jogou sem oito titulares! O Felipão poupou o time para a decisiva da Libertadores, três dias depois. Perdemos por 3 a 0 para eles. Na quarta-feira, ufa, ganhamos a Libertadores. No domingo seguinte, com quase todo o time com cabelo pintado de verde, empatamos por 2 a 2. Mesmo com um a menos desde o começo de um jogo que não terminou por causa das nada diplomáticas embaixadas do Edílson.

JOTA CHRISTIANINI – Graças ao Capetinha eles não deram volta olímpica. Algo que só nós demos por aqueles dias.

NB - Isso eu vi. Ou não. Só lembro depois, vendo pela TV, a celebração do Felipão com os gandulas ao final dos pênaltis. Só ele mesmo! Em vez de comemorar com os jogadores a conquista, nosso treinador foi em direção à meta das piscinas, onde estavam ajoelhados os nossos gandulas. Grandes palmeirenses. Como o nosso treinador.

ANGELO – Foi o nosso título mais importante? Ou o mais emocionante?

NB – A Copa Rio de 1951, para muitos, é mais importante. Mais emocionante para mim é o Paulistão de 1993. Mas, até pelo modo como foi conquistada, a Libertadores foi demais. Ou como diz o nosso amigo Ezequiel, não só o que ganhamos, não só como conquistamos. Mas onde vencemos a Libertadores.

JEF – Ganhamos títulos no Maracanã, no Morumbi, somos o maior vencedor do Pacaembu, mas a conquista desta Libertadores tinha que ser em casa... na *nostra* casa, com a nossa gente. Cheguei às 16 horas no clube. Nos dias de grandes jogos me emociono de ver os torcedores chegando... de todos os lugares, de todas as classes, de todas as raças. Isso é Palmeiras, ou melhor, isto é Palestra Itália. O clube que popularizou o futebol no Brasil. Tenho absoluta certeza de que os visionários palestrinos que fundaram a nossa *Società*, que em 1920 compraram o Parque Antárctica, estavam "todos presentes" nesta final. Foram eles que nos fizeram um clube de todas as raças. Por eles, fomos campeões da América, a mais importante conquista do velho *Stadium Palestra Itália*.

NB – Eram mais de 32 mil lotando as arquibancadas. Sem contar os 10 mil que não conseguiram entrar. Foi a maior confusão do lado de fora. Teve tiroteio, dezoito feridos... Um taxista que morreu de infarto no começo do jogo. Era muito nervo fora e dentro. O time também estava nervoso. Era uma equipe que jogava com intensidade, fazia muita ligação direta, explorava muito o jogo aéreo. Bem Felipão. E tinha mais de fazer isso, com Oséas lá na frente e um goleiro baixo como o venezuelano Dudamel. Duas vezes, ele saiu mal da meta. Duas vezes, o Alex apareceu sozinho e perdeu de cabeça, na cara do gol, sem goleiro...

ANGELO – O Alex era o craque do time?

NB – Era o mais jovem, talentoso e em melhor forma de uma autêntica seleção. Mais uma Via Láctea montada pela Parmalat: Marcos (eleito o craque da Libertadores) na meta; Arce e Júnior (o melhor em campo na final) atacando muito pelas laterais; os técnicos Júnior Baiano e Roque Júnior na zaga; César Sampaio (que vinha de lesão muscular) marcando e jogando demais na cabeça da área; Rogério saía pela direita, marcando mais que armando, e Zinho fazendo tudo, cobrindo Júnior, ajudando Alex na criação pela esquerda; o Alex entrava por dentro , às costas dos volantes, e articulava mais próximo do Paulo Nunes, o atacante que jogava aberto pela direita; Oséas era o pivô no comando de ataque. Fora o eficiente Rogério, todos jogaram pelas seleções de seus países. Sem contar os reservas Cléber, Jackson, Evair e Euller.

ANGELO – Mas demoramos muito para marcar!

NB – Final de Libertadores, né? Nosso torcedor fez uma bela festa, mas estava ansioso. Aos 12, o Júnior perdeu uma das únicas bolas na partida e a torcida pegou no pé... Tínhamos de superar nossos nervos e a cera deles. E o banana do Ubaldo ficava na dele. Nem cartão dava!

FG – Tivemos sete chances de gol no primeiro tempo. Eles, apenas três. Mas uma só não foi gol colombiano por haver um anjo guardião na nossa meta. Foi demais a defesa que o Marcão fez aos 27, quando o Bonilla jogou no contrapé e ele ainda espalmou pra escanteio. No segundo tempo, eles só tiveram uma chance de gol. Quer dizer... O Júnior Baiano doou para eles o gol... Dio Santo! Quando eu vi o Bedoya avançar em direção a ele na grande área, não deu nem tempo de tentar dizer ao Baiano para não dar o carrinho na grande ár... Pênalti! O Zapata foi lá e empatou o jogo, aos 24... Pênalti tão claro que eles cobraram em menos de um minuto!

ANGELO – Foi de virada a vitória por 2 a 1, Nonno?

NB – Não, meu neto. Mas parecia ter sido. Outro dia mesmo, na rádio Mondo Verde, o Evair teimou que foi de virada. É que foi tanto sofrimento...

JEF – Sofremos tanto com aquele empate naquela hora com um pênalti besta que parecia que eles estavam goleando! Mas nós abrimos o placar. Gol de pênalti, também aos 19 do segundo tempo. Nem preciso dizer que foi do Evair. Bateu na rede lateral. Só ele. Ainda que o Matador não lembrasse direito a marcha do placar...

ANGELO – O Evair era reserva do Oséas?

JC – Era. Mas final sem Evair em campo não tem caneco. Acho que não ganharíamos depois o Mundial em 1999 porque o Felipão demorou a escalá-lo contra o Manchester United, no Japão... Mas quando o Matador está em campo, tudo muda. Ele entrou no lugar do Arce, aos 11 do segundo tempo. O Rogério foi pra lateral, o Evair for armar com o Alex e finalizar com o Oséas. Em oito minutos em campo já estava 1 a 0. Gol de pênalti cometido pelo Yepes, que meteu a mão na bola para o Oséas não fazer o gol.

ANGELO – E aí o Júnior Baiano...

NB – Ele era maluco! Mas sabia jogar. Como o nosso time. Depois do empate deles, o Felipão mostrou a estrela. Aos 29, tirou o Alex e botou o Euller na ponta esquerda, para fazer um-dois com o Júnior. Abriu o Paulo Nunes na direita, centralizou o Oséas, recuou o Evair para armar e ainda soltou mais o Sampaio e o Zinho. Eu até teria colocado o Euller. Mas não naquela hora. E muito menos no lugar do Alex.

ANGELO – Mas não deu certo?

NB – Pois é... 52 segundos depois, o Euller participou da jogada com o Zinho, que abriu pro Júnior cruzar para o Oséas desempatar. Coisa de treinador predestinado. Ou que sabe mesmo das coisas. No final das contas, o Palmeiras criou quatorze chances de gol contra apenas quatro deles. Os caras cometeram umas quarenta faltas. Abusaram do antijogo. E o juizinho só foi expulsar um deles aos 36, o Mosquera, e fez média ao expulsar o Evair, aos 49. Fez o que queriam os colombianos, que até festejaram quando o jogo acabou. Nós, no estádio, ficamos meio quietos. Receosos...

ANGELO – "Nós"? Você não conseguiu nem ver os pênaltis...

NB – Não só eu. Muita gente não conseguiu. Na tribuna de imprensa, dois representantes da Sociedade Esportiva Jornalismo ouviram os pênaltis nas escadas do estádio. Muita gente ficou no fosso abaixo do Jardim Suspenso. O Marcão ficou de costas para o pênalti do Zinho, e de cabeça baixa nas outras cobranças...

Marcos foi o grande destaque da conquista do Palmeiras. Um ídolo eterno da torcida

FG – Tinha mais é de ficar de cabeça baixa. O Zinho mandou uma bomba no travessão no primeiro pênalti!

NB – Ele disse que havia ficado nervoso como nunca ficara na carreira de 27 títulos (oito só pelo Palmeiras) no pênalti decisivo no dérbi, nas quartas de final. Religioso, o Zinho pedira a Deus para que desse força às pernas para ele cobrar e eliminar os rivais. No pênalti da final, ele disse depois que não havia sido humilde o suficiente com Deus. Não agradecera devidamente a Ele pela graça concedida no outro jogo. Foi muito confiante (embora nervoso) e perdeu a cobrança. Quando a bola se perdeu no gol do fundo do Palestra, depois de explodir no travessão, aquilo calou ainda mais fundo no palmeirense. Foi um silêncio que eu não ouvira no estádio. Tínhamos de virar a disputa de pênaltis! Ficamos ainda mais quietos e irritados quando o mala do goleiro venezuelano deles bateu e marcou 1 a 0, sem chance pro Marcão.

JC – Quando o Júnior Baiano foi bater o segundo, então...

NB – Ele bateu no meio do gol. A sorte é que o goleiro caiu no canto esquerdo. O Gaviria bateu o segundo deles e fez a mesma coisa. Meio do gol. O Marcos ainda tocou nela, com as pernas e a mão. Mas passou no meio dele. Parecia que não seria naquela noite.

JEF – O Roque Júnior jogou no canto esquerdo o terceiro pênalti. O Dudamel foi bem na bola. Mas melhor foi o nosso jovem zagueiro. Ele saiu celebrando como se fosse o gol do título, incendiando o estádio que estava quieto. Eu digo que ele começou a fazer o Palmeiras campeão com aquela atitude.

FG – O zagueiro deles, o Yepes, que depois jogaria no Milan, mandou no canto esquerdo. O Marcos foi bem. Mas não deu.

NB – O Rogério bateu nosso quarto pênalti. No ângulo direito. Aquilo que o Roque Júnior iniciara na celebração acabou contagiando o Palestra. Como nem São Marcos estava dando jeito, era melhor apelar para a bola fora. Foi o que quase todos berraram antes da cobrança do Bedoya. Ele chutou na trave esquerda uma bola que roçou o corpo do Marcos na volta e foi pra fora. Empatamos!

JC – Mas quando vi o Euller indo para a bola... Meu Deus! Onde estava o Evair para bater aquele pênalti?

NB – Estava no vestiário. Orando. Ajoelhado na frente de uma maca. Do outro lado estava o padre Pedro, amigão do Felipão. Evangélico, Evair orava de um lado, o padre do outro. Mas ali eram todos filhos do Pai da Bola Waldemar, do Filho do Divino Ademir, e do Espírito São Marcos!

ANGELO – Amém!

NB – O Matador não tinha nem TV e nem rádio no vestiário. O Evair imaginava que estava empatada a cobrança de pênaltis pelo barulho do estádio. Ele não ouvira o Palestra celebrar o primeiro pênalti, desperdiçado pelo Zinho. Mas as duas comemorações seguidas fizeram com que ele sacasse que a disputa estava empatada. Só faltava um pênalti pra nós e outro pra eles.

JC – O do Euller...

NB – Muita gente da comissão técnica fechou os olhos quando ele correu para a bola. E muita gente os esfregou não acreditando na categoria do Filho do Vento. Dudamel, no canto esquerdo; bola, no canto direito, lambendo a trave, na rede lateral. 4 a 3 pra nós!

FG – Agora era hora de São Marcos!

NB – Sempre foi! Desde o primeiro jogo, em 1992, até o último, em 2011. Foram doze títulos do nosso craque-bandeira. Naquele momento, porém, sei lá o porquê, não gritávamos "Marcos". Gritávamos "fora". E como a voz do palmeirense é a voz de Ademir da Guia...

JC – O Marcos foi pro canto esquerdo e não viu a bola raspando na trave direita. Ele ouviu o barulho da bola explodindo na placa de publicidade.

NB – Eu não sei o que vi ou ouvi. Só sei que, nos pênaltis, você grita "campeão", "fora", "gol", "chupa", "ahhh" tudo de uma vez. Não sei o que gritei. Só sei que a vida inteira vou lembrar o barulho que imagino que o Marcos ouviu com a bola raspando na trave. Como o Palmeiras raspara o troféu nas finais de 1961 e 1968. Como rasparíamos em 2000, naquele ano em que os eliminamos mais uma vez, no pênalti do Marcelinho.

JEF – Campeão da América no Palestra. Era o palco certo. Por isso não ganhamos a Libertadores nos outros anos. Porque não jogamos em nossa casa. Em nosso lar.

NB – Na casa que une a minha família, a *famiglia* verde, e tantos em cada canto do lugar onde mais cantei na vida. Onde tanta gente que não se entende canta e vibra. Boa gente que só se entende como gente quando é Palmeiras. Todos temos um cantinho no Palestra. Onde cantamos e vibramos. Onde corneteamos e divergimos. Onde o Palestra virou Palmeiras. O Palestra, agora Allianz Parque, é o berço da Academia do país do futebol. O palco do Campeão do Século. O altar da comunhão palmeirense. O Palestra Itália. O lar do Palmeiras dos filhos desta pátria mãe gentil, dos netos da Mamma Itália.

ANGELO – A casa do campeão da América.

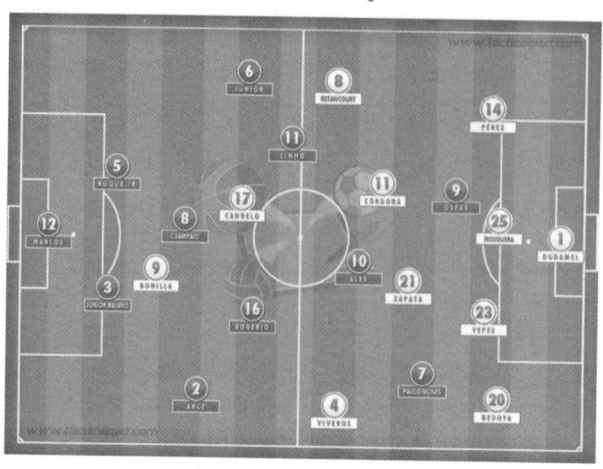

Júnior jogou demais, quase como um armador, com Zinho ficando mais atrás, dando um pé para o lateral e para Alex organizarem o 4-3-1-2 de Felipão

São Marcos!

Palmeiras 3 x 2 Corinthians
Copa Libertadores da América

Data: 06/06/2000
Local: Morumbi
Juiz: Edílson Pereira de Carvalho
Gols: Euller 34', Luizão (39' e 52'), Alex 59' e Galeano 71'
Decisão nos Pênaltis: Palmeiras 5 x 4 Corinthians
Gols do Palmeiras: Marcelo Ramos, Roque Júnior, Alex, Asprilla e Júnior
Gols do Corinthians: Ricardinho, Fábio Luciano, Edu e Índio (Marcelinho Carioca perdeu)
PALMEIRAS: Marcos; Rogério, Argel, Roque Júnior e Júnior; César Sampaio (Tiago) e Galeano; Alex; Marcelo Ramos, Pena (Luís Cláudio) e Euller (Asprilla)
Técnico: Luiz Felipe Scolari
CORINTHIANS: Dida; Daniel (Índio), Fábio Luciano, Adílson e Kléber; Vampeta e Edu; Marcelinho Carioca e Ricardinho; Edílson e Luizão (Dinei)
Técnico: Oswaldo de Oliveira

ANGELO – Nonno, o Marcos, para mim, é o que é o Ademir da Guia para você.

NONNO BEPPE – Angelino, no coração de avô sempre cabe mais um. Cabe um 10 como o Ademir, um 9 como o Evair, um 12 como o Marcos, um número 1 como o Oberdan, um camisa 2 como o Djalma Santos. Ou como o Cafu. O Arce. Até caberia uns tantos camisas 2 nota um que a gente teve por causa de alguns dirigentes 171...

ANGELO – Mas é o que os meus amigos também dizem: que outro cara na nossa história (ou mesmo na de outros clubes) fez o que ele fez contra o principal rival?

NB – Poucos, Angelo... Raros como sua santidade Marcos. Que já era santo desde maio de 1999. E que, naquela noite de terça-feira, 6 de junho de 2000, nos levou além. Mais uma vez, contra eles.

ANGELO – Terça-feira? Como é que uma semifinal de Libertadores foi jogada numa noite de terça-feira?

NB – O calendário brasileiro e sul-americano tinha ainda menos cabimento na década de 1990 que hoje. O Palmeiras jogava a Libertadores, a Copa do Brasil e o Paulistão de 2000 tudo ao mesmo tempo. Ah! E tinha Eliminatórias para a Copa de 2002 no meio. No domingo à tarde, quatro de junho, o Brasil do Luxemburgo venceu o Peru, em Lima, por 1 a 0. Gol do Antônio Carlos. Além do treinador, oito dos quatorze que entraram em campo pela seleção no Peru jogaram (ou depois jogariam) pelo Palmeiras. Dois, então, eram nossos titulares absolutos: o volante César Sampaio e o meia Alex.

JOTA CHRISTIANINI – Naquele mesmo domingo, pela manhã, o Palmeiras jogara a semifinal do Paulistão contra o Santos, no Morumbi. Ganhávamos por 2 a 0 até os 23 minutos do segundo tempo, quando levamos a virada e fomos eliminados. Estávamos sem cinco titulares, poupados para o segundo jogo da Libertadores, contra o Corinthians, dois dias depois. O inesquecível 6 de junho de 2000. Sete anos exatos depois do Gol Porco que começou a nos dar o título paulista de 1993!

FERNANDO GALUPPO – Olha só o que tivemos de complicações desde 18 de maio de 2000: ganhamos de 2 a 0 do Atlas, pelas quartas de final da Libertadores. O jogo foi no México, numa quinta-feira à noite. No domingo à tarde, com apenas um titular, perdemos para o Corinthians por 4 a 2, pelo Paulistão. Na outra quinta-feira, dia 25 de maio, vencemos de novo o Atlas. Foi 3 a 2, no Palestra. Menos de 48 horas depois – um crime! –, empatamos sem gols com o Santos, pela semifinal do Paulistão.

JOSÉ EZEQUIEL FILHO – Logo depois, na terça-feira à noite, o primeiro jogo da semifinal da Libertadores contra o Corinthians, no Morumbi.

NB – Um jogaço! O Corinthians tinha um time melhor que o nosso. Eles chegaram a abrir 3 a 1 no placar. Mas, na bola e na raça, empatamos por 3 a 3, aos 37 do segundo tempo. Até que o Vampeta mandou um chute de fora da área que desviou na nossa zaga e tirou o Marcos do lance. Foi aos 45 do segundo tempo. Perdemos por 4 a 3.

FG – Quarenta e oito horas depois, na quinta-feira à noite, em Natal, empatamos com os reservas por 3 a 3 com o ABC. Jogo válido pela Copa do Brasil.

NB – No domingo pela manhã, 4 de junho, perdemos aquele jogo para o Santos por 3 a 2. À tarde, no Peru, Alex e Sampaio estavam com a seleção. E, na terça-feira, os que sobreviveram dessa maratona pelo clube e pelo Brasil tinham de vencer o Corinthians no Morumbi, depois da derrota por 4 a 3 na outra semana.

ANGELO – Me perdi... Que confusão!

JEF – O Palmeiras só não se perdia porque era Palmeiras. E tinha um trabalho brilhante do preparador físico Paulo Paixão e da nossa comissão técnica. Eles conseguiam pilhar os ânimos e músculos de um elenco que não era tão rico e talentoso como o de 1999. A Parmalat estava de saída do clube depois de oito anos de parceria vitoriosa. O próprio Felipão dizia que, ao final daquele semestre, provavelmente deixaria o clube. Como acabou fazendo, indo treinar o Cruzeiro.

FG – O Corinthians vinha muito bem e louco para ganhar uma Libertadores. Ainda mais contra a gente. Por tudo que fizemos desde 1917. Principalmente pelo que não os deixamos fazer em 1974 e 1993, pelo Paulistão. E, mais ainda, na Libertadores de 1999, quando os eliminamos nos pênaltis.

NB – A vantagem do primeiro jogo era deles. O clima também. Até por uma questão polêmica em que o Felipão se enrolou com o Edílson. Aquele que jogou muito pelo Palmeiras em 1993-94. Mas que parece ter esquecido que foi nosso.

FG – No dia seguinte à derrota por 4 a 3 para o Corinthians, em um dos raros treinamentos em que o Felipão pôde reunir o grupo, parte da imprensa o ouviu berrando um monte pros jogadores dentro do vestiário da Academia. E contra alguns rivais. Especialmente o Edílson. Foi gravado por uma emissora de televisão o Felipão dizendo para os atletas: "Onde está a malandragem de vocês? Vocês não aprenderam nada na vida?"

JEF – Acho que quem não aprendeu foi muito jornalista que foi na onda e na pilha do Felipão...

JC – O Felipão disse aos atletas que o Edílson se achava "malandro, esperto, o tal..."

NB – E depois ele descascava no Capetinha. Dizia coisas que aqui não posso dizer pra você.

JEF – Mas que qualquer treinador pode falar para qualquer grupo no recato do vestiário. Algo que não foi respeitado aquele dia pela imprensa.

NB – Ou que provavelmente foi bem planejado pelo Felipão para atiçar os jogadores e a torcida pela reação negativa que aquelas palavras fortes causariam do outro lado. Para não dizer em todo mundo. Nosso treinador liberou o corredor que dava acesso ao vestiário da Academia para que os jornalistas ouvissem os gritos e o papo. Jogada ensaiada para atiçar o próprio elenco e enervar o rival que era tecnicamente superior.

JC – O Felipão falou muito. Disse que o Palmeiras era um time experiente, mas que "na hora do bem bom não sabe dar um pontapé. Não sabe dar um cascudo, irritar o cara". O Felipão incitou cada jogador para, na partida da outra semana, "comer a orelha" de cada rival. Como ele disse, "ter raiva dessa PIII de Corinthians".

JEF – Papo de vestiário, coisa de treinador motivador, de líder. Mas algo que acabou saindo na imprensa e sendo deturpado.

NB – Resultado: deu muito certo na terça-feira seguinte. Jogadores e comissão técnica acabaram ainda mais pilhados por muitas reações politicamente corretas de esportistas e imprensa, que viam naquelas declarações um "incentivo à violência"... Tsc, tsc...

JEF – Ninguém quer a violência. Ninguém vai comer a orelha de ninguém, rasgar a canela do rival. Mas tudo aquilo serviu para mexer com o ânimo do elenco que estava fisicamente morto, e emocionalmente desgastado.

JC – E tinha mais gente querendo se pegar fora dele. Depois da repercussão negativa do vazamento daquele papo do Felipão, ele proibiu os jogadores de conversarem com os jornalistas. Do outro lado, alguns falavam bastante. Mas, no fundo, todos se respeitavam muito. Ainda que não se gostassem.

NB – Mas, dentro de campo, no jogo de volta, tivemos pouca violência. Apenas muita rivalidade e um futebol emocionante e muito bem jogado pelas duas equipes. Revi outro dia a partida no DVD. Tivemos quatorze chances de gol. Eles, umas doze. Merecemos a vitória. Também porque eles erraram demais defensivamente.

NB – O Felipão ousou na escalação. Como ele só tinha o Alex como armador e contava com boas opções pelas pontas, escalou o Pena e o Euller bem abertos, vindo de trás, com o Marcelo Ramos no comando do ataque. O Alex criava, o César Sampaio e o Galeano marcavam no meio. Na lateral direita ele recuou o

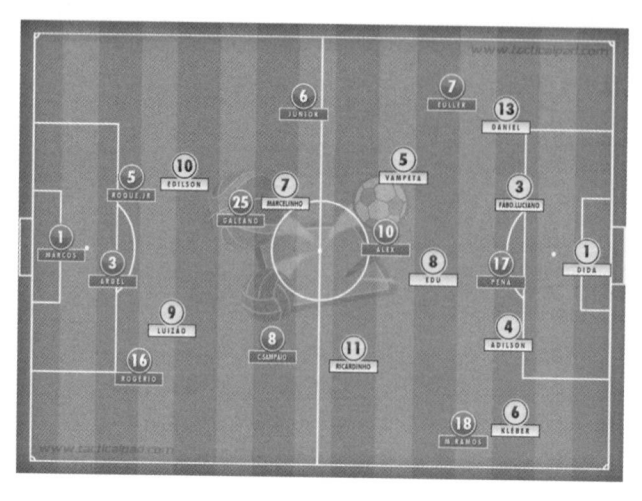

Dois volantes, um craque na armação, e três atacantes. O time de Felipão no 4-2-1-3. Mas o jogo é histórico pelo 1 que não aparece no esquema: Marcos

Rogério e sacou o Neném. Em vez dos três volantes do primeiro jogo, atuamos com três meias (dois eram atacantes recuados) e um centroavante. Era o 4-2-3-1 que tanto se usou naquela década, e então poucos utilizavam.

JEF – O Corinthians repetiu o time. Dois baita volantes (Vampeta e Edu), um meia pela esquerda mais recuado (Ricardinho, que jogou ainda mais atrás), um senhor meia-atacante como o Marcelinho Carioca, e dois grandes atacantes: o Edílson e o artilheiro Luizão. "Refugos" nossos...

NB – A defesa tinha um senhor goleiro como o Dida, que foi o melhor jogador deles no Mundial. O Fábio Luciano era bom zagueiro. O Adílson também. O Kléber foi um grande lateral. Mas, naquela noite, o lateral direito deles foi muito mal. Foi em cima do Daniel que construímos a vitória.

FG – Além do Euller voando pela esquerda no segundo tempo, o Júnior foi sensacional vindo de trás. Foi o melhor palmeirense nos dois jogos. Ele vinha pela lateral, mas armava o jogo pela esquerda, e até pela direita. No finalzinho do primeiro tempo, ele limpou quatro e tocou pro Alex que, por pouco, não fez um golaço por cobertura.

NB – Só no primeiro tempo, o Júnior sofreu seis faltas! Ele e o Alex jogaram muito. Com 6 segundos de jogo, o nosso camisa 10 já deu de calcanhar. Depois ele cavaria um amarelo chapelando o Edu. Fora a tabela sensacional com o Júnior, na nossa primeira chance de gol. A segunda foi um passe maravilhoso do Euller para ele. E tinha gente que o chamava de Alexotan... Dois minutos "acordados" do Alex valiam por duas décadas de muito jogador aceso. Fora o fato de que ele não se apagava em jogo importante. Quanto mais difícil a partida, mais o Alex jogava.

JEF – O Felipão foi esperto. Botou o Roque Júnior na cobertura do Júnior, prendeu um pouco mais o Galeano, e o Rogério foi quase um terceiro zagueiro. Só para liberar o Júnior como armador.

NB – Foi um primeiro tempo igual. O Palmeiras precisando atacar mais, eles explorando os contragolpes. Em campo, houve menos confusão que o esperado. Só uma entrada feia do Marcelinho no Júnior, um toco do Marcelinho no Roque, e uns cartões que faltaram para o Adílson e para o César Sampaio. Como, no segundo tempo, o árbitro poderia ter marcado um pênalti do Adílson no Luís Cláudio (que entrara no segundo tempo como centroavante). E, também, poderia ter expulso o Sampaio por uma pegada no Edílson.

FG - Foi realmente um jogo menos pesado no campo. Mas maravilhoso pelas chances. E pelo que berrou a nossa torcida antes do primeiro gol. Tínhamos acabado de cantar de novo o Hino quando o Júnior avançou pela esquerda e cruzou para o Euller, que se mexia muito e estava quase como ponta-direita. O Fábio Luciano se encolheu, o Adílson não subiu e o Euller bateu cruzado. Gol. 34 do primeiro tempo!

NB – É... Mas, aos 39, o Marcelinho bateu escanteio cheio de curva, o Argel bobeou pela única vez no jogo e o Luizão cabeceou sozinho. 1 a 1... Eu fiquei muito pu... Ops..

ANGELO – Tá valendo, Nonno. Você já disse que no futebol palavrão vale...

NB – Mas até a Madre Teresa teria xingado a nossa defesa naquele lance. Pelo amor de Ademir da Guia! Como é que pode?

JC – Eu também fiquei louco! Lembro que, logo depois, aos 42, uma bola espirrada sobrou pro Galeano na meia esquerda. Tinha um cara deles bem na frente e o nosso volante tentou chutar como se fosse o Alex...

NB – Lembro. Xinguei muito! Falei algo do tipo: "Como pode o Galeano querer fazer um gol como esse!? O Galeano não!"

JEF – Pois é... O cara que jogou de 1989 a 1992, e de 1996 a 2002. Nunca foi craque. Longe disso. Mas foi um dos que mais atuaram pelo clube.

NB – O segundo tempo começou equilibrado. Mas eles viraram. O Edílson tocou pro Luizão fazer 2 a 1, aos 6 minutos. A bola passou entre o Marcos e o Roque Júnior.

FG – Eu achei que tinha tudo ido para o saco.

NB – O Felipão mandara o Marcelo Ramos para a direita, centralizara o Pena e apostara no Euller aberto em cima do lateral Daniel. Depois do gol, o Júnior saiu ainda mais. O Roque Júnior também. Eles recuaram e não souberam explorar o contra-ataque.

JC – Também não demos mole. O Euller foi ao fundo e tocou pro Alex empatar com máxima categoria, aos 14. O Daniel não conseguia parar o nosso ponta, o filho do vento, jogador importantíssimo em grandes partidas em 1999 e 2000.

NB – O jogo ficou espetacular. Era lá e cá. Para nossa sorte, saiu o Luizão, lesionado. Mas, logo depois, o César Sampaio teve de sair. Para variar, ele não estava 100 por cento fisicamente. Para variar, ele jogou 200 por cento. Logo em seguida, aos 24, o Adílson, bom zagueiro em má jornada, fez falta para cartão. O Alex bateu da meia-direita para o segundo pau. O Adílson esperou o Dida sair, o goleiro chegou tarde e o Galeano virou, de cabeça.

ANGELO – O Galeano? Aqueles que vocês tanto detonaram?

(Longo silêncio)

NB – Então... 3 a 2 para nós. Mas parecia que o time precisava golear. O Roque Júnior se mandava, o Rogério e o Júnior atacavam ao mesmo tempo... E eles perdendo gols no contragolpe. Para ter uma ideia, aos 35, o Marcos desarmou fora da área uma bola com o Edílson, e, na sequência, ainda dividiu o lance com o Marcelinho na altura do grande círculo!!!

JEF – O Felipão pedia pro time maneirar, tocar a bola... Mas parece que a equipe sentia que aquele era o momento, que não precisaríamos dos pênaltis.

NB – Se o Euller não tivesse se lesionado aos 29, acho que dava. Mas é preciso dizer que o Asprilla, que o substituiu, deu uma bola fantástica pro Marcelo Ramos quase fazer 4 a 2, aos 41. Mas o Dida defendeu.

FG – Não teve jeito. Pênaltis. Os mesmos que eliminaram os corintianos em 1999.

NB – Pênaltis que deram a eles o título mundial contra o Vasco, em janeiro de 2000, no Maracanã...

JEF – Pênaltis que nós batemos para eliminar o Peñarol, nas oitavas de final. Pênaltis que também eles bateram para vencer o Rosario Central, também nas oitavas daquela Libertadores.

NB – As duas equipes sabiam como os adversários batiam os pênaltis. Estavam todos muito estudados. Decorados. Foi o que bem fizeram o preparador de goleiros Carlos Pracidelli e o goleiro reserva Sérgio. Eles e o Marcos sabiam os cantos dos batedores corintianos.

NB – Foi o que pensou o Marcão: "Eles sabem que eu sei onde eles chutaram os outros pênaltis em 2000. Eu vou enganar esses caras. Eu vou no outro canto!"

ANGELO – Grande Marcão! Não erra uma!

NB – Pois é, netinho... Pois é... Pergunte pro Pracidelli e pro Sérgio...

JEF – Começamos batendo os pênaltis. Na mesma meta de fundo, no Morumbi, onde o Evair fez o gol de pênalti de 1993. O Marcelo Ramos bateu com categoria e deslocou o Dida.

NB – Ricardinho foi o primeiro batedor deles. Ele também fora o primeiro cobrador quando eliminaram o Rosario Central. O Marcos sabia onde ele havia batido: rasteiro, no canto direito. Aí pensou nosso goleirão: "Eles sabem que eu sei onde eles batem. Vou mudar de lado!" Pulou no canto esquerdo, onde a maioria dos canhotos bate. Mas o Ricardinho manteve o canto direito e empatou.

FG – O Roque Júnior fez o dele e, na celebração, enfiou o pé na placa da publicidade da falecida zip.net. O Fábio Luciano era o segundo cobrador deles. A cola passada pelo Pracidelli é que ele bateria no canto esquerdo.

ANGELO – Aí o Marcão pulou no canto esquerdo e defendeu!

NB – Pois é... O Marcos continuou com a tese de que os corintianos mudariam os lados da cobrança. E o Fábio Luciano manteve o canto esquerdo. O Marcão pulou com tudo à direita, e a bola foi pro outro lado.

JC – O Alex bateu no canto esquerdo, como adoram os canhotos. O Dida foi buscar. Mas quando a bola bate na rede lateral, nem São Marcos defende. Gol. 3 a 2.

NB – O Marcos sabia onde o Edu costumava bater. De novo, ele pensou que o corintiano mudaria de lado. De novo errou. Edu jogou no canto esquerdo, Marcão caiu do outro lado.

FG – Aí o Pracidelli teve de intervir. O Sérgio gritava, espumando, que iria encher de porrada o Marcos por não seguir as recomendações dos cantos das cobranças. O Pracidelli, que é o cara mais plácido do mundo, estava no banco de reservas e gritou para o massagista Biro ir correndo até atrás da meta e avisar para o Marcos que, se ele não seguisse o que estava combinado, era bom nem voltar para o vestiário depois. Que o Sergião e o Pracidelli iriam enchê-lo de porrada.

NB – Asprilla fez o dele. Não deu tempo de o Biro chegar a tempo de falar para o Marcos o recado do preparador dele. O Índio mandou o pênalti no ângulo direito. Ao menos desta vez o Marcos acertou o canto. Mas não dava.

JEF – O Júnior, nosso melhor jogador naquela noite, mandou o quinto pênalti no meio do gol. Se o bico da chuteira do Dida estivesse sujo batia nela.

NB – Cinco a quatro para nós. Faltava o último pênalti. Marcelinho Carioca na cobrança.

JC – Amigos, até então eu não acreditava nessa história de energia, de carga negativa. Mas, então, eu passei a acreditar. Desde a Copa Rio de 1951 o Palmeiras não teve tamanha torcida a favor como naquele pênalti.

NB – O Marcelinho é o maior vencedor de títulos da história deles. O cara que melhor representava aquele time. E um dos jogadores mais contestados da história recente do futebol. Ninguém mais queria outro título deles. Aliás, dificilmente alguém que não é Corinthians torce por eles. As maiores torcidas no futebol sempre recebem as maiores torcidas contra. O que hoje eles chamam dos "antis".

JC – O que eu prefiro chamar "A Liga da Justiça".

NB – Então. Todo o Brasil, para falar a verdade, estava torcendo não a nosso favor. Mas contra eles. E ainda mais contra o Marcelinho. Ele carregou sozinho o peso de milhões num único chute. Aliás, uma bela cobrança. Ainda melhor defendida pelo Marcos.

FG – O Marcelinho havia perdido pênalti na decisão do Mundial contra o Vasco. Jogou à meia altura e fraco, no canto esquerdo do goleiro Hélton, que defendeu. Contra o Rosario, Marcelinho bateu firme no canto direito baixo e fez o gol. Do mesmo modo que encheu o pé e não bateu mal no Morumbi.

NB – Mas era contra o Palmeiras. Era o Marcos. Já era, naquele momento, o Corinthians na Libertadores de 2000.

JEF – Não é desculpa de perdedor, já que depois, também nos pênaltis, perderíamos o bi para o Boca Juniors. Mas, para mim, naquele momento, o Palmeiras já tinha feito o que era necessário. O que era seu dever histórico e esportivo: tirar o rival da disputa. Pode parecer pequeno. Mas antes dos títulos vem a rivalidade. Eles pensariam do mesmo jeito.

FG – Depois da espetacular defesa no canto baixo direito, o Marcos saiu correndo para o mesmo lugar onde o Evair foi celebrar o gol do título de 1993. Aquela faixa entre a trave direita e o escanteio do gol de fundo do Morumbi é um de nossos lugares sagrados de celebração.

NB – O lugar onde o Marcos não lembra nem o que fez depois da defesa que ele mesmo admite que se adiantou. Porque não adiantaria nada se ele não tivesse feito isso. Só um milagre para ele repetir o que fez.

ANGELO – Mas ele é santo, Nonno. Ele fez outro milagre.

JC – Fato. Aliás, até hoje, o Marcos não gosta tanto de falar desse lance. Para ele é como se ele tivesse só feito essa defesa em 532 jogos em vinte anos de Palmeiras.

ANGELO – Mas como o Nonno sempre diz: a defesa do Marcos. O pênalti do Marcelinho...

NB – A celebração dos jogadores! Tem gente que esteve na conquista da Libertadores e na semifinal de 2000 que diz que o elenco fez mais festa no Morumbi que no Palestra, em 1999. Estava tudo tão entalado que a vitória desopilou todo mundo. Vencemos os rivais, os fatos, a imprensa, a lógica, tudo.

FG – Interessante que nenhuma das equipes treinou para os pênaltis nos dias anteriores. E eles acertaram nove das dez cobranças. Quer dizer, dá até para dizer as dez: o Marcelinho Carioca acertou o gol na dele. Mas o Marcos, para variar, acertou ainda mais.

NB – O Alex, além de definir quase tudo em campo, mandou muito bem fora dele, ao final do espetáculo histórico: "O Ministério da Saúde adverte: ser palmeirense faz mal à saúde."

JC – Mas sempre fez muito bem ao coração.

JEF – Angelo, estes são 20 jogos eternos do Palmeiras. Têm muitos mais em quase cem anos. Teremos outros tantos para você contar aos seus netos.

NB – Na minha casa. Na nossa casa do Palestra. Algumas vezes imaginei que ao nosso estádio não voltaria. Como agora, em 2013, na véspera da reinauguração da belíssima Arena, com alguns resultados ruins em um campeonato não do nosso nível. Mas eu parecia aquele menino mimado que quer fugir de casa – e pede pro pai atravessar a rua e pagar as contas. Eu dizia que não voltaria àquela casa azarada. Achava que a culpa também era do nosso estádio. Lá eu não mais voltaria.

ANGELO – Você não fez isso, né, Nonno?

NB – Promessa jamais cumprida. Porque isso não é coisa que se prometa! Não conheço casa perfeita. Todas trincam. Caem pedaços. Dão trabalho. Precisam de reformas na base. Nem sempre uma pintadinha dá jeito. Até por sempre ter alguém para achar defeito. É assim nossa casa. É assim o lar de qualquer um.

JEF – Mas agora e sempre é hora de abraçar cada pedaço do nosso estádio. É tempo de lembrar os degraus da escada que dão para a arquibancada, para o gramado que cheira de tão perto. Mesmo tão elevado. Tão suspenso. Tanto suspense.

FG – Um imenso pedaço de nossas vidas não foi demolido. Foi apenas reformado. Espero que todos nós também reformemos nossas ideias e pensamentos. Porque a casa muda. O lar, jamais.

NB – O Palestra pode estar distante do Palmeiras. Mas jamais o palmeirense estará longe do Palestra.

Fontes e referências bibliográficas

Livros

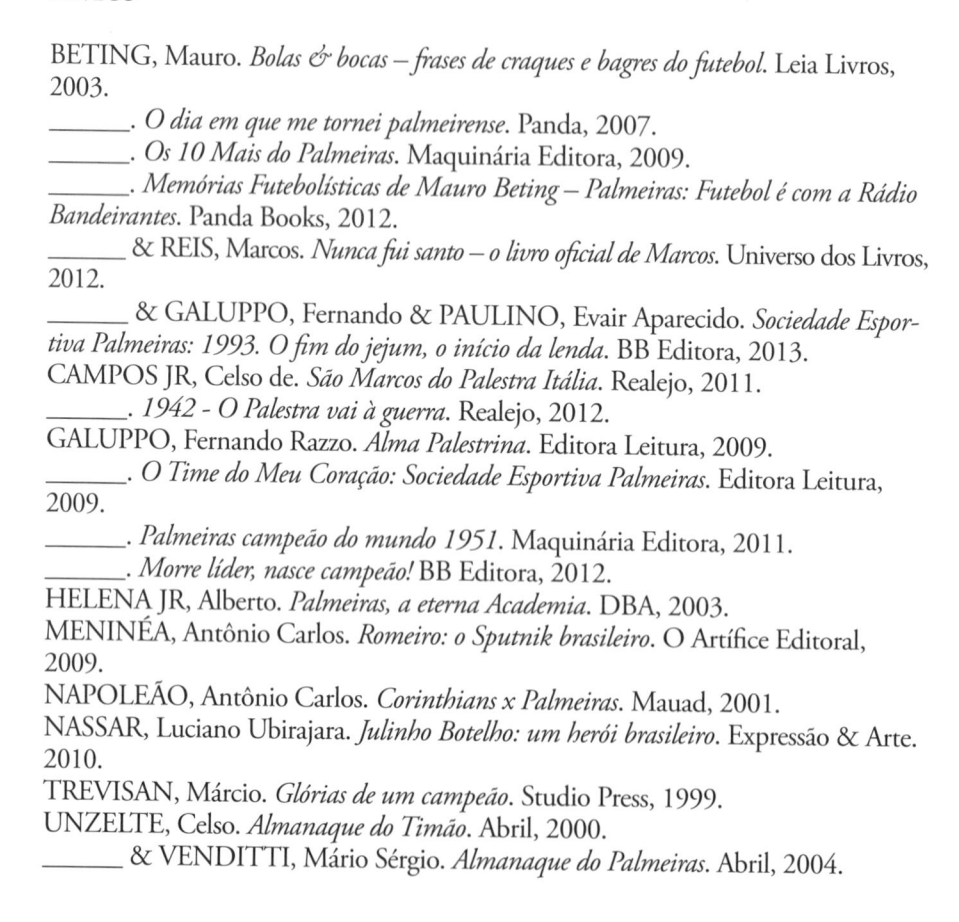

BETING, Mauro. *Bolas & bocas – frases de craques e bagres do futebol*. Leia Livros, 2003.

_____. *O dia em que me tornei palmeirense*. Panda, 2007.

_____. *Os 10 Mais do Palmeiras*. Maquinária Editora, 2009.

_____. *Memórias Futebolísticas de Mauro Beting – Palmeiras: Futebol é com a Rádio Bandeirantes*. Panda Books, 2012.

_____ & REIS, Marcos. *Nunca fui santo – o livro oficial de Marcos*. Universo dos Livros, 2012.

_____ & GALUPPO, Fernando & PAULINO, Evair Aparecido. *Sociedade Esportiva Palmeiras: 1993. O fim do jejum, o início da lenda*. BB Editora, 2013.

CAMPOS JR, Celso de. *São Marcos do Palestra Itália*. Realejo, 2011.

_____. *1942 - O Palestra vai à guerra*. Realejo, 2012.

GALUPPO, Fernando Razzo. *Alma Palestrina*. Editora Leitura, 2009.

_____. *O Time do Meu Coração: Sociedade Esportiva Palmeiras*. Editora Leitura, 2009.

_____. *Palmeiras campeão do mundo 1951*. Maquinária Editora, 2011.

_____. *Morre líder, nasce campeão!* BB Editora, 2012.

HELENA JR, Alberto. *Palmeiras, a eterna Academia*. DBA, 2003.

MENINÉA, Antônio Carlos. *Romeiro: o Sputnik brasileiro*. O Artífice Editorial, 2009.

NAPOLEÃO, Antônio Carlos. *Corinthians x Palmeiras*. Mauad, 2001.

NASSAR, Luciano Ubirajara. *Julinho Botelho: um herói brasileiro*. Expressão & Arte. 2010.

TREVISAN, Márcio. *Glórias de um campeão*. Studio Press, 1999.

UNZELTE, Celso. *Almanaque do Timão*. Abril, 2000.

_____ & VENDITTI, Mário Sérgio. *Almanaque do Palmeiras*. Abril, 2004.

Jornais e Revistas

Agora S.Paulo, Diário Popular, O Estado de S.Paulo, Folha da Tarde, Folha de S.Paulo, A Gazeta, A Gazeta Esportiva, Jornal da Tarde, Jornal do Brasil, Jornal dos Sports, O Globo, Última Hora, Lance!, Manchete Esportiva, O Esporte, Revista Fut!, Revista do Esporte, Revista do Palmeiras, Revista Trivela, Revista Placar e *Vida Palestrina*

DVDs

Palmeiras 6 x 7 Santos, 1958 (2 minutos da TV Record), Palmeiras 2 x 1 Santos, 1960 (4 minutos do Canal 100), Palmeiras 0 x 0 São Paulo, 1972 (65 minutos da TV Cultura), Palmeiras 1 x 0 Corinthians, 1974 (10 minutos do Canal 100 e TV Cultura), Palmeiras 4 x 1 Flamengo, 1979 (60 minutos da TVE), Palmeiras 3 x 0 Corinthians, 1986 (20 minutos da TV Bandeirantes), Palmeiras 4 x 0 Corinthians, 1993 (íntegra da TV Bandeirantes), Palmeiras 6 x 1 Boca Juniors, 1994 (íntegra da TV Globo), Palmeiras 6 x 0 Santos, 1996 (íntegra da ESPN-Brasil), Palmeiras 2 x 0 Cruzeiro, 1998 (íntegra da TV Globo), Palmeiras 4 x 2 Flamengo, 1999 (íntegra da TV Globo), Palmeiras 2 x 1 Deportivo Cali 1999 (íntegra da TV Globo) e Palmeiras 3 x 2 Corinthians, 2000 (íntegra da TV Globo)

Documentários

Palmeiras – Campeão Copa Toyota Libertadores 99 (1999) – Direção: Flávio José Tirico e Luiz Fernando Santoro.
Um Craque Chamado Divino (2006) – Direção: Penna Filho.
12 de Junho de 1993 – O Dia da Paixão Palmeirense. Direção: Jaime Queiróz e Mauro Beting.

Créditos de Imagens

Sociedade Esportiva Palmeiras
Acervo ABI (Reproduções revista *Manchete Esportiva*)

    Apesar de todos os esforços, devido à antiguidade e falta de identificação de grande parte das fotos que ilustram este livro, não foi possível identificar os seus autores. Mesmo assim, optamos por utilizá-las, na certeza de que, aos divulgarmos essas imagens, estaremos contribuindo para resgatar momentos fundamentais da história do futebol brasileiro. Desde já, deixamos claro que, em futuras edições, teremos o maior prazer em creditar aqueles que fizerem contato.

Os editores

Livros já lançados:

20 Jogos eternos do São Paulo
20 Jogos eternos do Fluminense
20 Jogos eternos do Flamengo

Próximos lançamentos:

20 Jogos eternos do Cruzeiro
20 Jogos eternos do Corinthians
20 Jogos eternos do Botafogo
20 Jogos eternos do Vasco
20 Jogos eternos do Santos

Leia também:

Os dez mais do Palmeiras, a trajetória dos maiores ídolos do clube

Palmeiras campeão do mundo – 1951, a história da conquista do mundial de clubes

**Mais livros da Maquinária no site:
www.maquinariaeditora.com.br**

Impressão: